LÜGEN LESEN

Bettina Stangneth

ROWOHLT

1. Auflage August 2017

Lektorat Willi Winkler
Einbandgestaltung Anzinger und Rasp, München
Satz aus der Berthold Baskerville
Gesamtherstellung CPI books GmbH,
Leck, Germany
ISBN 978 3 498 06173 9

Weil Überstehn nicht alles ist
– für Willi.

Ja wahrlich, wie es eine Macht der Rede
geben soll, die nahezu Wunder zu tun vermag,
so gibt es auch eine Macht des Zuhörers,
die Wunder zu tun vermag, falls er so will.

Søren Kierkegaard,
dänischer Theologe und Philosoph,
Traurede (1845)

Kein Mensch will die Wahrheit. Als einziges Wesen, das überhaupt nach ihr fragt, wollen wir allenfalls einen Teil davon sagen und hören, wir möchten doch keineswegs alles. Es scheint beinahe, als könne der Mensch nicht «Ich» sagen ohne das große Bedürfnis, möglichst umgehend alles davon wieder zu verstecken und zu verstellen, und wenn die Nebelschwaden des Geheimnisses nicht reichen, um zu verhüllen, was wir denken und fühlen, dann darf es gern die Irreführung sein. Der Mensch lügt, seit er weiß, wie man Zeichen setzt. Wir lügen, wenn wir sprechen und schreiben, zeichnen und darstellen, sogar noch wenn wir schweigen. Ob mit kleinen Gesten, einem Blick, mit ablenkender Geschwätzigkeit oder der ganzen Person, wir sind Meister darin, zu verfälschen und zu täuschen, ja, wir brauchen nicht einmal eine konkrete Absicht, um einander blauen Dunst vorzumachen. Wir belügen sogar noch diejenigen, von denen wir längst wissen, dass wir von ihnen nichts zu fürchten haben und sie uns gern so sehen, wie wir sind. Lügen – das ist das Alltäglichste der Menschenwelt. Und dennoch überrascht uns nichts so sehr wie eine Lüge.

Sooft wir es auch schon erlebt haben, sind wir doch nie auf den Augenblick vorbereitet, in dem wir erkennen, belogen worden zu sein. Die Bedeutung dieser Erkenntnis geht weit über den Moment hinaus. Wahrheit, mit der wir nicht rechnen, ist das Licht, in dem unsere Illusionen und Hoffnungen zu Staub zerfallen. In der Wahrheit endet die Freiheit. Mit der Wahrheit kommt Wissen, also Gewalt, etwas, das nicht einfach wieder verschwindet, nur weil wir uns Augen, Ohren und Mund zuhalten. Wie verführerisch ist da der Gedanke, dass es sie gar nicht gibt, dass also jeder Mensch seine eigene Wahrheit haben könnte, ganz nach dem eigenen Wunschbild, unantastbar für alle anderen und sogar für die Welt. Nicht sehen zu müssen, was ist; nicht hören zu müssen, was andere wirklich denken: Wer hätte sich das noch nie gewünscht? Und dennoch verurteilen wir die Lüge.

Kein Mensch möchte als Lügner gelten. Der Verdacht, nicht vertrauenswürdig zu sein, stellt mehr in Frage als eine Geste oder einen Satz. So wie auch das Unbehagen, nicht zu wissen, was wirklich vorgeht, weil andere es vor uns verbergen, uns schließlich an den eigenen Sinnen und der Erfahrung zweifeln lässt. Wer nicht mehr weiß, ob man ihm glaubt, ist genauso verloren wie der, der nicht mehr weiß, was man noch glauben kann. Jeder, der ihr einmal unvermittelt begegnet ist, der weiß: Die Lüge hat eine unvergleichlich zerstörerische Kraft. Und dennoch lügen wir.

Zur Wahrheit über die Lüge gehört vor allem dies: Wir lügen, und können uns doch einfach nicht an die Lüge gewöhnen.

Dabei kennen wir längst genug Argumente für einen entspannteren Umgang mit der kultivierten Unwahrheit. Zwar hat es nie an Mahnungen gefehlt, dass die Lüge nur in den Abgrund führen kann, weil sie unbedingt böse, ja, gar des Teufels ist, der nicht zufällig der Vater der Lügen genannt wird. Aber in allen Kulturen weiß man ebenso von listigen Kriegern und schlauen Bauern zu erzählen, denen es gelingt, sogar dem Tod ein Schnippchen zu schlagen, weil sie noch besser als der Teufel wissen, wie man es mit der Wahrheit nicht so genau nimmt. Dumm wäre doch, wer den Lügner nicht mit der Lüge bekämpft. Herrscht unter Feinden nicht, wie Georg Simmel es in seiner *Soziologie* so einleuchtend beschreibt, auch ein «geistiges Faustrecht, ebenso brutal, aber gelegentlich ebenso am Platze wie das physische»? Hat wirklich auch der noch das Recht auf meine Wahrheit, der mir damit nur schaden will? Lügen taugt eindeutig als Waffe, als eine Überlebenstechnik, wie viele andere unabdingbar für den Daseinskampf. Was überhaupt wäre die Gesellschaft ohne die Möglichkeit zu lügen? Es spricht alles dafür, dass keine Gemeinschaft auch nur zwei Tage Bestand hätte, wenn wir uns alle ständig sagten, was wir denken, weil wir unbedingte Wahrhaftigkeit gar nicht aushalten. Macht das die Lüge am Ende nicht sogar zur Tugend? Zum Ausdruck gelebter Humanität? Wer das Lob der Lüge singt, verteidigt nicht nur das Recht auf Waffengleichheit im Kriegszustand, sondern ist überzeugt davon, dass unsere Fähigkeit zu lügen Gemeinschaft stiften, zumindest aber erhalten kann. Und ist sie nicht auch die Bedingung für Kunst und Kultur, weil beides gar nicht denkbar wäre ohne die spezifisch menschliche Distanz zum Faktischen? Ja, gäbe es überhaupt Freunde ohne sie? Und dennoch kann eine Freundschaft nie so unrettbar zerbrechen wie an einer einzigen Lüge. Sie kann uns tiefer verletzen als jede Tätlichkeit.

Dass die Welt verlogen sei, das ist eine Klage so alt wie die Menschheit. Schon wer sich früheste Höhlenzeichnungen anschaut, auf denen das Jagdgeschick verewigt ist, kann sich des Eindrucks nicht erwehren, dass die Hörner und Krallen der erlegten Tiere so lang nun wirklich nicht gewesen sein werden. Die Diagnose lautet zu allen Zeiten genau gleich: Es war nie so schlimm wie genau hier und jetzt. Wenn uns das Nachdenken über die Lüge dennoch immer wieder ganz neu und dringlich vorkommt, dann offenbar deshalb, weil wir uns an diese Kapitel des Menschlichen nur sehr ungern erinnern. Davor, dass man sich mit Aufklärung weit weniger beliebt macht als mit einer halbwegs gut erzählten Geschichte, warnte nicht erst Platon. Der griechische Philosoph war fest davon überzeugt, dass die Menschen so sehr an ihrem Leben in der Höhle der Irrlichter hängen, dass sie im Zweifel sogar den umbringen würden, der ihnen das Licht bringt. Dabei ist es kaum zufällig der Schlachtruf der Philosophie, immer wieder aufgeregt das unmittelbar bevorstehende Zeitalter des Post-Faktischen zu beschwören und die Menschen weg von den Geschichten, zurück zu den Dingen zu rufen. Aber warum nageln wir uns wohl seit über zweitausend Jahren das *Gnothi seauthon*, das *Erkenne Dich selbst*, an die Wand? Etwa weil wir diese ständige Mahnung nicht alle nötig hätten? Schwur und Eid, feierliche Rituale wie das Versprechen, die Fußnoten ebenso wie die peinliche Befragung mitsamt dem unerschöpflichen Arsenal an Foltertechniken zeugen davon, wie allgegenwärtig das Misstrauen in den Willen zur Aufrichtigkeit ist. Und immer wieder ist da auch die Angst, es könnte irgendwann zu spät sein und die Wahrheit uns unrettbar abhandenkommen. «Heute ist die Wahrheit so verfinstert und die Lüge so festgefügt», notiert Blaise Pascal im 17. Jahrhundert und klingt doch unheimlich vertraut, «daß, wenn man die Wahrheit nur etwas weniger liebt, man sie nicht mehr zu finden weiß.» Im Jahr 1943, also dreihundert Jahre später – Joseph Goebbels keift mit Adolf Hitler um die Wette von den «Lügen des internationalen Finanzjudentums» und der «Lügenpresse» –, beginnt der aus Deutschland glücklich geflüchtete Alexandre Koyré in Paris seine *Reflexionen über die Lüge* mit derselben Anklage: «Nie hat man soviel gelogen wie in unseren Tagen.

Niemals wurde in einer Weise gelogen, die ebenso schamlos, systematisch wie stetig ist.» Muss es uns da nicht vor allem wundern, dass sich heute noch irgendjemand daran stört, wenn genauso gelogen wird wie eh und je? Menschen lügen. Wasser ist nass. Na und?

Obwohl jeder von uns schon gelogen und vermutlich sogar einmal einen aufgeflogenen Lügner entschuldigt hat, ist uns nie ganz wohl dabei, und das nicht nur, weil jeder schnell begreift, dass das Lügen zwar mit dem Spielen verwandt sein mag, aber an diesem seltsamen Spiel doch offenbar nie alle den gleichen Spaß haben. So oft und so erfolgreich wir auch lügen, so viele Gründe uns auch dafür einfallen, so unausweichlich es uns auch scheint, es bleibt der Verdacht, dass es beim Lügen um sehr viel mehr geht als um eine Frage der guten Sitten oder, wie man früher gesagt hätte, um eine Sünde unter anderen. Es bleibt das tiefe Unbehagen, dass die Lüge eben doch kein Werkzeug wie andere sein könnte, dass wir vielmehr schon in der kleinsten Lüge etwas berühren, das man nicht anrühren sollte und das gefährlich über den konkreten Anlass und die jeweilige Absicht hinaus wirkt. Wir befürchten, dass die Lüge bei all ihrer Nützlichkeit immer schon etwas ganz anderes ist als ein beliebiges Mittel zu allerlei Zwecken. Warum es nicht ganz einfach sagen: Unsere eigene Fähigkeit zur Lüge ist uns unheimlich.

Wann immer ein Phänomen derart widerstreitende Gefühle auslöst, erschwert uns diese Zerrissenheit das Nachdenken. Allen Lippenbekenntnissen zum Trotz haben wir uns keineswegs entschieden, ob wir weiterhin mit der Lüge leben wollen oder nicht. Aber das ist nicht der einzige Grund dafür, dass wir uns ständig im Denken verheddern, sobald wir versuchen, die Lüge zu fassen. Das Nachdenken über die Lüge ist vor allem deshalb die wohl schwierigste aller Denkaufgaben, weil sich hier schon das Suchen nach dem Wissen gegen den Gegenstand selbst richtet: Wir wollen nicht weniger als Klarheit über ein Täuschendes, also nicht nur das Licht in der Dunkelheit, sondern auch aus ihr. Gleichzeitig zielt aber das Lügen auf nichts anderes als das Denken, also genau auf das Werkzeug, mit dem wir sie doch erhellen wollen. Es ist beinah, als wollten wir im Spiegel betrachten, wie es aussieht, wenn wir uns die Augen zuhalten, und uns dabei noch nicht einmal sicher sind, ob wir nicht vor einem Zerrspiegel stehen. Weil die Dunkelheit, die wir zu begreifen versuchen, indem wir das Licht anschalten, immer auch unsere eigene ist, fürchten wir schon ganz vordergründig die Erkenntnis wenigstens ebenso sehr, wie wir sie suchen. Wer nicht gerade das Opfer eines Lügners wurde und vor allem auf Sühne für den Schmerz sinnt, den er noch spürt, der weicht lieber aus. Statt neugierig auf das zu sein, was es zu lernen gibt, klingen wir, sobald wir über die Lüge sprechen, selbst wie ein ertappter Lügner, wie einer also, der retten will, was in der peinlichen Lage noch zu retten ist. Natürlich hätten wir gern ein Handbuch, das uns lehrt, einen Lügner zu erkennen, bevor wir ihm glauben. Aber andererseits hätten wir als Lügner eben auch gern ein solches Buch, damit wir wissen, was gerade als Lüge gilt und darum droht, auch schnell als solche erkannt zu werden. Wer wirklich hofft, man könne ein Computerprogramm erdenken, das Lügen nach einem Muster erkennt, schreibt mit jedem Algorithmus gegen die Lügen auch immer schon eine Anleitung, wie man künftig lügen kann, ohne dabei erwischt zu werden. Könnte es nicht sein, dass wir die Lüge in den letzten zweitausend Jahren nur aus einem Grund immer noch präziser definiert haben, nämlich um uns im Lügen nur umso geschickter an genau dieser Definition vorbei zu mogeln? Die erstaunliche Fertigkeit, es plötzlich ganz genau zu nehmen, wenn man aufgeflogen ist, kennen wir alle.

Zur Lüge gehört die Absicht. – Aber ich wollte doch gar nichts!
Die Lüge ist eine Mitteilung. – Aber ich habe doch nur so vor mich hingeredet!
Die Lüge ist eine Aussage. – Aber ich habe doch gar nichts gesagt, und meinen Blick, meine Geste, das hast du alles missverstanden!
Die Lüge ist eine Irreführung. – Aber es war doch gar nicht ernst gemeint!
Der Lügner spricht wider besseres Wissen. – Aber so genau habe ich es ja gar nicht gewusst!
Der Lügner sagt nicht die Wahrheit. – Aber für mich war das die Wahrheit, und ach, die Wahrheit, gibt es sie überhaupt?
Zur Lüge gehört die Betrugsabsicht. – Ich habe es doch nur gut gemeint!
Die Lüge ist eine Falschinformation. – Das ist alles ein Missverständnis. Es war nur meine Meinung!
Der Lügner ist ein Täter. – Ich bin hier das Opfer, nämlich das einer böswilligen Unterstellung!
Du sollst nicht lügen. – Aber es lügen doch alle?
…

Ist überhaupt eine Definition der Lüge vorstellbar, die nicht immer nur die Anleitung dafür wäre, wie man es künftig raffinierter anstellt? Und schon klingt es nur noch bedrohlich, dass wir uns nach über einhundert Jahren intensiven Nachdenkens über die Sprache einbilden, auch über die Lüge genauer zu sprechen, als alle vor uns es je konnten.

Mit Vorliebe weisen wir nämlich darauf hin, dass die

berühmten Alten Griechen noch gar keinen eigenen Begriff für die Lüge hatten, sondern ein und dasselbe Wort, *pseudos,* für allerlei von Irrtum und Unwahrheit über Täuschung bis Lüge verwendeten, also immer ein zusätzliches Adjektiv benötigten, um nicht alles miteinander zu verwechseln. Dass dieser angebliche Begriffsmangel problemlos für die Weltdichtung vom listigen Odysseus und sogar einen ganzen Dialog Platons über die Lüge gereicht hat, stört uns in unserer Überheblichkeit wenig. Eigentlich, ja eigentlich ginge es in alldem um etwas ganz anderes, und vermutlich, so meinte jedenfalls der berühmte Platon-Übersetzer des 19. Jahrhunderts, Friedrich Schleiermacher, sei dieser Dialog über die Lüge auch gar nicht echt. Der Mensch ist am erfinderischsten dann, wenn ihm ein Text zu nahe rückt. Vor allem aber lässt sich mit der Vorliebe für Wortzählerei geschickt verbergen, dass wir inzwischen zwar etliche Wörter haben mögen, daraus aber nicht notwendig folgt, dass man sie auch als klare Begriffe, also zum Erkennen, verwendet. Mehr noch: Obwohl wir uns einbilden, einen präziseren Begriff von der Lüge zu haben, nutzen wir sogar den offensichtlich nur zögerlich. Im Rechtfertigungsmodus gefangen, scheuen wir davor zurück, einen Lügner auch Lügner zu nennen, und machen so ungeahnte Fortschritte im Verwischen von Wahrem und Falschem, als ginge es vornehmlich darum, sich nicht auszukennen. Dabei verharmlosen wir, wo wir nur können: Flunkern, Schwindeln, Spinnen, Phantasieren, es mit der Wahrheit nicht so genau nehmen … alles klingt besser als das Bekenntnis, das uns so schwerfällt wie kaum ein anderes: «Ja, ich habe gelogen.»

Denn auch das ist eine Wahrheit über die Lüge: Wo alle immer lügen, da lügt am Ende keiner. Es sprächen einfach alle nur eine andere Sprache.

Zum Lügen gehört notwendig ein Ich, das nach eigenen Regeln spricht und dabei vor allem darauf aus sein muss, nicht als unverzichtbarer Teil der Lüge erkannt zu werden. Wie also nachdenken über ausgerechnet das, was aus dem Willen entsteht, nicht bedacht zu werden? Wie lässt sich auch nur ungefährdet betrachten, was sogar betrachtet werden will, damit man es falsch versteht? Wenn etwas unsere ureigenen Interessen, ja, auch Geheimnisse berührt, dann flüchten sich noch unsere Gedanken in alle Richtungen, am liebsten in das unendliche Feld der Beispiele und gleich darauf in die Moral. Wann darf man lügen, wann darf man es nicht? Gibt es die Notlüge, die weiße Lüge oder nur die schwarze? Kann man die Lüge von der Wahrheit überhaupt trennen, oder sind die Grenzen erfreulich fließend? Setzt sich die Wahrheit letztlich durch, weil sie die Wirklichkeit auf ihrer Seite hat? Ist die Welt am Ende gerecht, straft sich ein Lügner durch sein Tun auch selber, oder bleibt der Ehrliche immer der Dumme? Unzählige Bücher wurden darüber geschrieben, vermutlich kam nie eine Zeitung ohne wenigstens eine Geschichte vom Lügner aus. Denn jeder hat dazu gern, vor allem aber schnell etwas zu sagen. Wir sprudeln nur so über von lustigen Geschichten, schwelgen in Wortwitz und Ironie und genießen das Spiel mit der ungefährlichen Unwahrheit. Am liebsten allerdings ist von dem Einen die Rede, dem Zauberer und Zampano, der uns so kunstvoll betrog. Warum er log, das interessiert uns brennend; wie er dazu kam, wie er wurde, was er ist, was ihn drängt, und ein wenig sympathisch kommt er auch meist daher – so wie Felix Krull, der charmante Heiratsschwindler, von dem die Frauen träumen, oder der Hochstapler, den man um seine Erfolge doch beneidet. Noch die langweiligste Stehparty ist aufs Schönste mit einer beiläufigen Bemerkung über Lügen in Wirtschaft und Politik zu retten. So anhaltend laut, so engagiert ist die Debatte, dass keinem aufzufallen scheint, was wir mit dem eilfertigen Gerede tatsächlich tun: Wir denken uns ständig vom Gegenstand weg. Wir unterstellen nämlich, alle längst ganz genau zu wissen, wovon überhaupt die Rede ist, obwohl wir genau das offensichtlich lieber nicht so genau wissen wollen.

Niemand fragt, was die Lüge *ist*.

Wäre die Lüge wirklich nichts anderes als ein Satz und enthielte dieser Satz schlicht die Negation der Wahrheit, dann wäre alles ganz einfach. Auch mit umgekehrten Vorzeichen lässt sich verlässlich rechnen. Aber wenn es um die menschliche Fähigkeit zu lügen geht, kann man nicht einfach das eine in das andere umrechnen, die Lüge also nicht in Wahrheit auflösen. Wer es dennoch versucht, verliert nicht nur die Orientierung, sondern auch die Wehrhaftigkeit gegen den, der genau weiß, was Lügen heißt. Unser Versäumen, nach der Lüge als Lüge zu fragen, ist der Grund für unsere Hilflosigkeit, auf das Phänomen der Lüge zu reagieren, sobald sie in ihrer wesentlichen Form erscheint, nämlich in permanenter Verwandlung. Lüge kann nur als Metamorphose Lüge sein, als etwas also, das wir nicht als das erkennen, was es ist, weil wir auf etwas anderes gefasst und darum unvorbereitet sind. Genau deshalb missglückt uns schon der Versuch, schlicht zu beschreiben, was vorgeht, wenn ein Mensch vor aller Welt offenkundig und in voller Absicht Unwahres sagt und Millionen von Menschen genau darum in ihm den Einzigen erkennen, den Letzten, der vertrauenswürdig ist. Wenn wir derart mit und an den Wörtern scheitern, dann ist das ein untrüglicher Hinweis darauf, dass uns Begriffe fehlen, dass wir also zumindest unklar sprechen und deshalb nicht begreifen, wie uns geschieht. Die Lüge ist nicht nur eine Angelegenheit der Ethik, sondern zuallererst ein erkenntnistheoretisches Problem. Nur wenn es uns gelingt, dieses Problem wenigstens zu erkennen, und erst dann, wenn wir verstanden haben, dass das Lügen, der Lügner und die Lüge wesentlich verschiedene Dinge sind, kann unsere Diskussion darüber mehr sein als Ablenkung oder Scheitern. Nur mit geklärten Begriffen dürfen wir hoffen, uns überhaupt noch in einer Welt orientieren zu können, in der sich mehr Menschen als je zuvor am öffentlichen Gespräch und an der Wahl von Abgeordneten und damit von Regierungen beteiligen. Denn selbst wenn es uns tatsächlich unmöglich sein sollte, die Frage nach der Wahrheit zu klären: Es muss uns gelingen zu verstehen, was die Lüge ist, denn das bedeutet auch zu begreifen, was es wirklich heißt, dass alle Macht vom Volke ausgeht.

«Lügen lesen» ist, mancher wird es sich gedacht haben, die logische Fortsetzung von «Böses Denken», also der nächste Schritt nach der Beschäftigung mit einem Selbstgespräch, das bewusste Anti-Aufklärung ist und darum böse genannt werden muss. Das bedeutet aber nicht, dass Sie jetzt nur weiterlesen könnten, wenn Sie vom anderen wenigstens gehört haben. Wie bei allen langen Wanderungen ist es auch hier Ihre Entscheidung, in welcher Reihenfolge Sie die Etappen meines Denkweges gehen möchten. Das Abenteuer, mit diesem Buch anzufangen, hat sogar eine ganze eigene Berechtigung, denn der wesentliche Gedanke von «Lügen lesen» ist viel älter, war also tatsächlich zuerst da. Genauer gesagt, stammt die Idee dazu aus dem letzten Jahrhundert, nämlich den neunziger Jahren. Diese Idee allein war der Grund, mich mit dem nationalsozialistischen Denken und Männern wie Adolf Eichmann zu beschäftigen. Ich war mir sicher, eine Entdeckung gemacht zu haben, und wollte am Extremfall testen, ob es wirklich eine Entdeckung war, also ob meine Art, die Lüge zu denken, tatsächlich dazu verhilft, klarer zu sehen. Denn das ist doch die Aufgabe der Philosophie: zu erkennen, wenn unsere Orientierung versagt, also auch zu bemerken, dass wir noch einmal, dass wir präziser denken müssen, und dann den Nachweis zu erbringen, dass die eigenen Gedanken tatsächlich klar genug sind, um auch anderen zu überzeugenden Ergebnissen zu verhelfen. Es wird also höchste Zeit, die Methode nachzuliefern, die mich vor allem davor bewahrt hat, in der Konfrontation mit bösem Denken den Weg nicht mehr zu finden, nur weil jemand ihn so kunstvoll verstellt.

Wir Älteren werden uns an die Zeit vor zwanzig Jahren erinnern: Mobiltelefone waren ein Luxus, den sich die Erwachsenen leisteten, um damit zu telefonieren, wenn die Funkabdeckung es denn zuließ. Das Internet war weit entfernt von dem, was wir heute darunter verstehen. Wer chattete, konnte sich zwischen Frage und Antwort bequem einen Tee kochen, obwohl es nur um Textzeilen ging und nicht etwa um Bilder. Soziale Netzwerke wurden auf Familien- und Ehemaligentreffen gepflegt, und wer sich allzu sehr über einen Zeitungsartikel ärgerte, tippte einen Leserbrief und warf ihn in den nächstgelegenen Briefkasten, denn die E-Mail verdrängte das Papier nur langsam. Wie schon bei der Erfindung der öffentlichen Rede, der Druckerpresse, der Fotografie, des Radios, des Films und des Fernsehens traten die Mahner auf den Plan, die mit den neuen Medien wieder einmal den Untergang des Abendlandes vorhersagten, so wie es unzweifelhaft auch den nächsten Erfindungen ergehen wird, die unsere Möglichkeit erweitern, voneinander gelesen, gehört und gesehen zu werden. Aber obwohl wir längst vernetzt waren, musste ich immer noch zum Flughafen fahren, wenn ich die *New York Times* lesen wollte, denn nur dort gab es mit Glück und sehr viel Geld die vom Vortag. Dass ein amerikanischer Präsident der Welt mit Hilfe lauter hochpräziser Wahrheiten vorlog, was eine sexuelle Beziehung ist und was nicht, konnte man in Ausschnitten zur festgesetzten Sendezeit im Fernsehen verfolgen. Die Folgen der Praxis, die heute sehr vereinfacht, aber dafür süffig «Fake News» genannt wird, waren vor allem in Deutschland gar nicht zu übersehen, denn die «Wiedervereinigung» gestaltete sich nicht zuletzt darum so mühsam, weil sich zwei deutsche Staaten vierzig Jahre lang gründlich auseinander desinformiert hatten. Man kann sich nun einmal nicht über so lange Zeit bei jeder Gelegenheit gegenseitig mit alternativen Fakten bewerfen, ohne dass aus dem strategischen Umgang mit der Wahrheit auch zwei Wirklichkeiten werden. Und doch war das Wissen um die Möglichkeiten der Falschnachrichten alles andere als neu. Die Erfahrung, dass nicht nur der Sieger Geschichte schreibt, sondern einem auch rechtzeitig erzählte Geschichten zum Sieg verhelfen können, gehört seit je zur Kampftaktik in Krieg und Frieden; ganz zu schweigen davon, dass die Deutschen im letzten Jahrhundert gleich zweimal bewiesen haben, wie man zwei Weltkriege anfangen und hinterher doch aller Welt versichern kann, es nicht gewesen zu sein. Wie manipulierbar insbesondere das Wissen über historische Fakten ist, hat nicht nur die Beobachter der Propaganda-Schlacht des Ersten Weltkriegs beschäftigt, sondern insbesondere die Emigranten ab 1933. Wem es gelang, Deutschland in den dreißiger Jahren rechtzeitig zu verlassen, konnte die Auswirkungen der systematischen Lügerei und den Hang zu dem, was Hannah Arendt «die Etablierung einer fiktiven Welt» (*fictitious world*) nannte, gleich zweimal nicht fassen: vor 1945 und nach 1945. Welche Entschuldigung haben wir eigentlich dafür, dass die meisten Texte zur Lüge in Deutschland kaum diskutiert werden und auch nicht in Buchläden zu haben sind, geschweige denn, dass davon überhaupt einmal eine brauchbare Übersetzung herauskommt? Sogar ein international so vielbeachtetes Buch wie *The Post-Truth Era* von Ralph Keyes, dessen Titel inzwischen als tauglicher Slogan für unser Zeitalter gilt und das sich außerdem rückblickend wie das Handbuch zum öffentlichen Lügen liest, kann man nur im Original lesen. Der Name Donald Trump steht das erste Mal auf Seite 14. Genau daneben, auf Seite 15, dieselbe Höhe, findet der geneigte Leser eine lange Liste post-faktischer Schönfärbereien für selbstbewusste Lügen: «parallele Wahrheit», «virtuelle Wahrheit», «alternative Realität», «strategisch ungenaue Darstellung» ... Das Buch erschien 2004. Natürlich muss man es nicht mögen. Aber kennen sollte man es doch, bevor einem allzu schnell der Seufzer «Hach, wer hätte sich das denn auch vorstellen können!» entfährt.

Wer sich über Jahrzehnte mit dem Thema Lüge beschäftigt, staunt nicht nur über die Geschwindigkeit, mit der wir vergessen, sondern bekommt vor allem viel Gelegenheit, die eigenen Begriffe an der Wirklichkeit zu erproben – auch an einem amerikanischen Präsidentschaftskandidaten, der mit dem Angebot «Believe me!» zielsicher die Mehrheit seines Volkes gewann. Aber wer sich ein wenig mit Philosophen auskennt, der weiß natürlich, dass wir nie darauf aus sind, Reportagen oder gar Biographisches zu schreiben. Dieses Buch ist also, lassen Sie es mich zur Sicherheit deutlich sagen, kein Buch über amerikanische Präsidenten, auch keines über wiederholte Ehrenworte, über niemals herbeigedopte Tourensiege oder in mühevoller Kleinarbeit erschuftete

Doktortitel. Wenn es eine Enthüllung gibt, die man sich erhoffen kann, dann ist es eine über die Bedingungen und Möglichkeiten des gemeinsamen Denkens, also auch über den Dialog, der dieses Buch sein kann, wenn Sie so wollen.

Was Begriffe vermögen, merkt nur, wer sie selber anwendet, so wie man ein Kleid anprobieren muss, um zu sehen, welche Bewegungen es mitmacht. Es spricht also nichts dagegen, die hier vorgestellten Begriffe an beliebigen Beispielen zu erproben, also mit ihnen zu denken, um herauszufinden, was sich dadurch an der eigenen Wahrnehmung ändert. Mit anderen Worten: Nur Sie können erfahren, ob es Ihnen gelingt, sich damit besser zu orientieren als vorher. Sie müssen dabei auch nicht besorgt sein, denn man kann auch Begriffe anprobieren, ohne sie gleich zu kaufen. Unser Erkenntnisvermögen setzt uns als Erwachsene in die Lage, Begriffe auf Probe zu verwenden, und tatsächlich tun wir das auch immer schon. Begriffe bewusst anzuwenden, das ist aber vor allem der Kern eines Studiums der Philosophie. Man denkt sich nicht etwa in einen anderen hinein, so wie sich ein Maulwurf in die Erde wühlt. Man aktualisiert Begriff für Begriff, Gedanke für Gedanke, indem man jeden bewusst nach-denkt, also als Koordinaten für die Anschauung, das Wahrnehmen verwendet und dabei lernt, diesen Vorgang genau zu beobachten. Weil jeder Mensch das tatsächlich erst lernen und üben muss, haben Autoren, die über die Lüge schreiben, seit je eine absonderliche Freude daran, ihre Leser mit der Möglichkeit zu erschrecken, dass schließlich auch Autoren lügen können. Wenn der folgende Denkweg zu etwas führen sollte, dann zumindest zur Antwort auf die Frage, warum Lügner so oft ihre Macht überschätzen.

Aber eines nach dem anderen.

Lüge ist Macht

Ich wundere mich, daß der Mensch allezeit gerade eine Sache an dem Orte, wo er ihren Verlust bemerkt, zu finden hofft.
Jean Paul, deutscher Schriftsteller,
Das Kampaner Tal (1797)

Dass unser Nachdenken über die Lüge von Anfang an befangen ist, hat mit dem Umstand zu tun, unter dem wir zum ersten Mal davon sprechen hören. Lügen ist das, was wir nicht tun sollen. Obwohl es sich vermutlich um die komplexeste Leistung handelt, zu der wir als Denkende fähig sind, hören wir keine Anerkennung dafür. Eltern geraten nicht in die übliche Verzückung, mit der die Fortschritte der Kleinen sonst begrüßt werden, und sie kommen auch nicht auf die Idee, im Kindervergleich mit der stolzen Meldung zu punkten: «Also *unser* Kind kann sogar schon lügen!» Lügen, das tut man nicht. Wir lernen diese Lektion lange, bevor wir wirklich verstanden haben, was genau man nun wirklich nicht tun soll. Mit dem strikten Lügenverbot kommt nämlich auch gleich die Verwirrung, warum man sich dann trotzdem artig bei der lieben Tante für das uninteressante Geschenk bedanken oder die etwas zu körperlichen Begrüßungsrituale des lieben Onkels begeistert erwidern soll. Auch erscheint es ganz unverständlich, warum vertraute Menschen sehr viel Unfreundliches über Abwesende sagen können, um sie kurz darauf überschäumend vor Glück an der Tür zu begrüßen und zum gemeinsamen Kaffee hinein zu nötigen. Dass man diese Gelegenheit keineswegs nutzen darf, um der kindlichen Irritation ehrlichen Ausdruck zu verleihen, also beispielsweise neugierig zu erfragen, warum der Besuch nun wieder Christa und nicht mehr «die Verrückte» heißt, schafft auch keine Klarheit. Es geht nicht gerade eindeutig zu, wenn ein kleiner Mensch im Spannungsfeld von Aufrichtigkeit und Konvention nach dem besten Weg zu Liebe und Anerkennung tastet. Wen wundert es da, dass wir die Abgrenzung zwischen Lüge und Wahrheit noch als Erwachsene keineswegs immer klar benennen können, sondern schon das bloße Nachdenken über die Lüge für etwas halten, das man nicht tut?

Wie schwer es ist, sich der Lüge mit Erkenntnisinteresse zu nähern, kann man an denen beobachten, die wie Friedrich Nietzsche zwar versprechen, offen *Über Wahrheit und Lüge im außermoralischen Sinne* nachzudenken, aber dennoch die Perspektive der Moral nicht ablegen können. Wenn vom «außermoralischen» Sinn die Rede ist, geschieht das in der Absicht zu provozieren, also aus dem sympathischen rebellischen Geist, der auch für die Entwicklungsstufe typisch ist, in der wir das Moralisieren entdecken. Tatsächlich gibt es kein tauglicheres Mittel, um die Älteren mit ihren eigenen Waffen zur Weißglut zu treiben. Es ist nämlich genau das, gegen das sich Erwachsene nicht wehren können, weil die Fähigkeit, sich moralische Fragen zu stellen, als wesentlich erwachsen gilt. So richtig es ist, dass es sich umso besser rebellieren lässt, je mehr Verbote es gibt, gegen die man lustvoll verstoßen kann: Der Mensch, der sich gerade erst entdeckt, möchte nicht nur gegen etwas sein, sondern vor allem für etwas stehen. Auch darum ruft die Pubertät zwar nach Freiheit, beginnt aber auch sofort mit rigoroser Gegenmoral.

Auch das Lügenverbot engt uns ein wie jede Regel, die andere für uns aufgestellt haben. Die Kritik an dieser Regel ist allerdings darum besonders leicht, weil es das Verbot ist, das die Gesetzgeber selber so inkonsequent befolgen. Es ist also ein Verbot, das gar nicht gilt. Das macht es zum idealen Angriffspunkt für besonders kräftige Schläge gegen die Konvention, für einen Aufstand im Namen der Moral, also mit dem guten Gefühl, überlegen und im Recht und damit endlich ebenbürtig erwachsen zu sein. Die Qualifikation dafür, ernst genommen zu werden, besteht darin, das Lügenverbot nicht in Frage zu stellen, sondern es sogar noch ernster zu nehmen als die, die es aufgestellt haben. Das Abstoßen von der familiären Regelwelt gelingt nur wenigen übergangslos als Schritt in die selbstbewusste Eigenständigkeit. Für die meisten ist es zunächst der Wechsel der Bezugsgruppe, also die Wendung weg von der Familie und hin zu Freunden, auf der Suche nach einem Vertrauen, das echter sein soll als das, was man kennt. Vermutlich ist das Bedürfnis nach wahrhafter Nähe ohne jedes Geheimnis nie so existenziell wie in dieser Phase unseres Lebens.

Natürlich unterscheiden sich die ersten Experimente mit der offenen, der frechen Lüge in nichts vom demonstrativen Griff in die elterliche Sammlung alkoholischer Getränke oder dem Missachten von Geschwindigkeitsbegrenzungen. Aber diese Koketterie mit dem, was verboten ist, ist ebenso wie der Drang, sich bei jeder Gelegenheit als ungezogen zu erweisen, bei aller Freude an der Reibung nur die Oberfläche. Die immer selbstbewusster aufgestellte Forderung nach einer «außermoralischen» Betrachtung dessen, was verboten ist, das dringende Bedürfnis, über Regeln erst einmal zu diskutieren, bevor man sie weiterhin befolgt, ist von einem tiefen, ja von unerbittlich moralischem Ernst. Hier geht es ausdrücklich nicht darum, das Lügenverbot loszuwerden, sondern ganz im Gegenteil: Man möchte endlich «die ganze Wahrheit» sagen, aber auch hören dürfen, also das Stadium hinter sich lassen, in dem nur die anderen die Welt und ihre Regeln verstehen und keiner sie uns erklärt, weil wir noch nicht alt genug dafür sind.

Die Kritik an einer Gemeinschaft, an der Gesellschaft, überhaupt der jugendliche Ruf nach Gerechtigkeit, gründet immer in dem Vorwurf, das «Wir» sei doch nur eine Lüge und das System grundverlogen. Diejenigen, die sich längst an die Scheinheiligkeit der guten Sitten gewöhnt und sich darin eingerichtet haben, erinnern sich meist nicht mehr so gut an die Lebensphase, in der auch sie vom Kinderglauben abgefallen sind, man müsse, damit alles gut wird, einfach nur alle Regeln herausfinden und sich dann an sie halten. Junggebliebene Zyniker wie Nietzsche stellen darum gern die erschütternd logische Frage, warum wir die Kinder eigentlich nicht von Anfang an in der Lüge statt in der Wahrheit unterrichten, wo wir doch wissen, dass man sonst in der Welt, wie sie nun einmal ist, nicht bestehen kann. Ein neugieriges, also auch gelassenes Interesse an der Lüge ist das selbstverständlich nicht. Noch nicht einmal Oscar Wilde gelingt mehr als die Pose der Gleichmut, wenn er 1889 spöttisch den *Verfall der Lüge* beklagt, also etwa fünfzehn Jahre nach Nietzsche mit der Forderung provoziert, sich doch bitte schön, wenn es schon nicht anders geht, wenigstens kunstvoll und mit Stil zu belügen und wieder etwas mehr Sorgfalt auf diese hohe Kunst zu verwenden. «Außermoralisch» bedeutet nicht «außerhalb» oder gar «jenseits der Moral», sondern es ist der laute Ruf nach einer Moral, die wirklich eine ist. Es ist die Empörung über eine Doppelmoral, unter der die Menschen notwendig leiden müssen, die das moralische

Interesse für mehr als Dekor halten und im Sprechen von der Moral ein Versprechen sehen, das andere uns einmal gegeben und dann gebrochen haben. Leben und überleben zu können, ohne lügen zu müssen, ist in erster Linie der Wunsch nach Emanzipation und Gleichheit. Dass insbesondere Männern wie Friedrich Nietzsche und Oscar Wilde das so schmerzlich bewusst blieb, hatte selbstverständlich auch damit zu tun, dass ihnen die Gesellschaft, in der sie lebten, noch als Erwachsenen verbot, so zu leben und zu lieben, wie sie es wollten. Wer die Klassiker der Rebellion gegen eine Moralisierung der Lüge liest, sieht sich deshalb nicht zufällig enttäuscht, weil es dort über die Lüge als Lüge so wenig zu lernen gibt. Nietzsche und Wilde wollten nicht hinschauen und die menschliche Fähigkeit zu lügen beschreiben. Sie wollten über Konventionen, also die Praxis im Umgang mit der Lüge, urteilen, und das Lügenverbot bedeutet in einer Welt, in der allein die Wahrheit, die man sagen soll, schon als Straftat gelten kann, das Ende der bürgerlichen Existenz. Wenn hier unter der Flagge der Lügenfrage gestritten wird, geht es im Gegenteil um das Recht auf freie Meinungsäußerung.

Aus einem erkenntnistheoretischen Interesse nach der Lüge zu fragen, bedeutet etwas ganz anderes als Gesellschaftskritik oder den Versuch, sich von moralischer Überforderung zu befreien. Wir haben uns so sehr an eine moralische Thematisierung der Lüge gewöhnt, dass uns diese Einsicht schwerfällt, aber wie jeden Gegenstand des Nachdenkens können und müssen wir, wenn wir verstehen wollen, auch die Lüge aus allen Perspektiven betrachten. Tatsächlich unterscheidet sich darin die Lüge nicht von beispielsweise einem Lastkraftwagen, nur dass wir uns sehr wundern würden, wenn ein Buch über Lastkraftwagen sich zuerst der Frage widmen würde, ob und wann man mit Lastkraftwagen durch eine Menschenmenge fahren darf. Im Gegenteil erwarten wir doch zunächst einmal Auskunft darüber, was genau so ein Lastkraftwagen ist und nicht ist, bevor wir uns der Frage zuwenden, was man damit dann vernünftigerweise tun kann und soll, und das möglichst so, dass es auch der versteht, der noch nie einen Lastkraftwagen gesehen hat.

Der Irrtum, mit dem wir uns auch sonst viel Verwirrtheit einhandeln, besteht in der Vorstellung, dass es uns Menschen immer nur um eines gehe, auf das sich alles andere zurückführen ließe. Wir haben aber nun einmal nicht nur ein moralisches Interesse, sondern auch ein Erkenntnisinteresse. Die Ethik und das Wissen-Wollen sind darum auch keine Konkurrenzunternehmen, sondern folgen zwei wesentlich verschiedenen Interessen des Menschen. Beide Interessen sind immer da, wir können nicht das eine durch das andere ersetzen, weil der Mensch beide Fragen hat: die Frage nach dem, was ein Ding ist, und die Frage nach dem, was man damit anstellen kann und darf. (Wir haben sogar noch eine dritte Weise der Zuwendung zu den Dingen, aber dazu ein anderes Mal.) Vor allem dürfen wir unsere wesentlichen Interessen nicht einfach durcheinander würfeln oder gar von einer Perspektive in die andere flüchten, wann immer es schwierig oder unbehaglich wird. Das fällt uns nicht immer leicht, und daran ist schon mancher große Denker gescheitert. Aber auch die Felder der Wissenschaft, die sich Philosophie nennt, heißen nicht zufällig Disziplinen. Es ist dabei nicht etwa die vielgescholtene «Sachlichkeit», die den Unterschied zwischen theoretischem und praktischem Interesse ausmachte. Praxis und Theorie, das bezeichnet nicht dasselbe wie der romantisch gedachte Gegensatz von warmem Herzen und kaltem Verstand, denn auch von einer moralischen Debatte fordern wir zurecht, dass sie sachlich und mit Verstand geführt wird. Wer aus moralischem Interesse forscht und diskutiert, stellt das Erkenntnisinteresse für den Moment hintan. Und wer etwas aus theoretischem Interesse untersucht, hat moralische Fragen für die Zeit der Untersuchung sauber von seiner Arbeit zu trennen. Man trennt hier nicht etwa in moralischer und anti- oder außermoralischer Absicht. Eine Konzentration auf das Erkenntnisinteresse ist schon gar nicht eine Moralkritik mit anderen Mitteln, sondern einfach nur ein wesentlich anderer und ebenso notwendiger Zugriff auf die Dinge, wenn man wissen möchte, wovon die Rede ist.

Dass die Aufklärung uns auf den sogenannten Primat der praktischen Vernunft verpflichtet, also im Konfliktfall Fragen der Ethik den Vorrang sichern will, bedeutet nicht, dass wir uns die theoretische Untersuchung schenken dürften und dass es vollkommen ausreichte, eine eigene Meinung zu haben. Es ist vielmehr genau umgekehrt: Unsere Möglichkeiten, verantwortungsbewusst zu handeln, sind umso größer, je mehr wir über uns und die Welt wissen. Moral ist dazu keine Abkürzung, sondern ein Notfallprogramm für den Fall, dass insbesondere bei akutem Handlungsbedarf unser Wissen über die Welt und uns tatsächlich einmal nicht hinreicht, um zu entscheiden, was am besten zu tun ist. Dieses Sicherheitsnetz zu haben, bedeutet aber nicht, dass man es immer auf den Notfall ankommen lassen sollte. Zu einem selbstbestimmten Leben aus moralischem Anspruch gehört auch, sich so gut es geht über die Welt und sich selbst zu informieren, wann immer die Zeit dazu ist. Verstehen und Beurteilen schließen einander nicht aus. Es kommt nur darauf an, sie unter keinen Umständen zu verwechseln oder gleichzusetzen, denn es urteilt sich nun einmal leichter, wenn man mehr von dem verstanden hat, worüber man urteilt. Und man findet nur heraus, was war und ist, wenn unsere vorschnelle Beurteilung uns nicht den Blick verengt. So schwer es uns also auch fällt, die moralische Perspektive erst einmal außer Acht zu lassen, wenn es um die Lüge geht, müssen wir uns doch daran erinnern, dass Moral kein Vehikel zum Ausweichen vor der Wahrheit ist, sondern wesentlich in der Forderung besteht, nur zu handeln, wenn wir dabei wissen, auf welchem Grund wir stehen. Sogar derjenige, der sich ganz sicher ist, dass er die Lüge nicht will, sollte wissen, was sie ist, vor allem, bevor er auf Mittel sinnt, sie zu bekämpfen.

Wenn man danach fragt, was ein Ding ist, suchen wir nach den notwendigen Bedingungen des Dinges, also dem, was in unserem Fall die Lüge zur Lüge macht und was immer gleich bleibt, auch wenn es in der Erfahrung vielfältige konkrete Erscheinungen der Lüge geben mag. In unserer Erfahrung ist alles immer einzigartig, weil es das Identische für ein Dasein in der Zeit, wie der Mensch es ist, nicht gibt. Wenn wir dennoch in der Lage sind, uns in der Welt zu orientieren, dann liegt das daran, dass wir es auch vermögen, aus der Distanz zum unmittelbaren Erleben nach Stoff, Form, Wirkung und Struktur zu fragen. Natürlich ist jeder Apfel anders als der andere. Aber wir haben dann einen klaren Begriff vom Apfel, wenn wir wesentliche von unwesentlichen Eigenschaften unterscheiden können und mit der Hilfe des Begriffs einen Apfel nicht mit einer Birne verwechseln, obwohl beide an Bäumen hängen.

Was wir also suchen, wenn wir nach dem Begriff der Lüge fragen, ist die Aufklärung über die wesentlichen Elemente der Lüge und ihre Verbindung untereinander. Eine

Definition, die immer nur den Erscheinungen hinterher hechelt, ist schlicht keine, weil sie uns nicht erlaubt, klar zu beschreiben, was die Lüge ausmacht, ganz egal, in welcher aktuellen Form sie uns erscheint und in welchem Medium sie sich manifestiert. Die Suche nach einem klaren Begriff der Lüge ist natürlich ein wenig schwieriger, als das bei anderen Gegenständen der Fall ist, weil ein Baum es ja im Unterschied zum Lügner nicht darauf abgesehen hat, Äpfel im irreführenden Kostümchen hervorzubringen, die zwar auch von uns verspeist, aber keinesfalls erkannt werden sollen. Etwas Mut kann es uns immerhin machen, dass wir auch in der Lage sind, Flüssigkeiten angemessen zu beschreiben, obwohl deren Form sich ebenfalls ständig verändert. Wie bei jeder Gegenstandserkenntnis kommt es auch beim Begriff der Lüge darauf an, sich nicht schon zu Beginn in der Mannigfaltigkeit der Empirie zu verlaufen, also Beispiel an Beispiel zu reihen, weil einen die Beispiele gerade besonders aufregen und irritieren. Stattdessen hat es sich bewährt, mit einer ganz einfachen Frage zu beginnen. Warum kann eine Lüge überhaupt sein, warum ist sie möglich? Denn dass es die Lüge überhaupt geben kann, ist alles andere als selbstverständlich.

Das Lügen

Ich kann lügen und könnte ich
es nicht, ich wäre nicht frei.
Hannah Arendt, Philosophin,
Denktagebuch (Eintrag 1963)

Die erste notwendige Bedingung dafür, dass es die Lüge überhaupt geben kann, ist die Fähigkeit des Menschen zu lügen. Dieses Vermögen ist so komplex wie keine andere Leistung, die wir vollbringen können. Das gilt sogar schon für eine einfache Kinderlüge wie die Versicherung, die Hausaufgaben selbstverständlich und ganz sicher schon fertiggestellt zu haben. Da wir aber das Lügen meist nur indirekt, nämlich im Rückblick betrachten, übersehen wir schnell, was wir alle tatsächlich tun, wenn wir lügen. Der Logiker versichert uns, dass die Sachlage ganz einfach ist: Das Kind hat *p* gesagt, während *non-p* gilt. Aber die Voraussetzungen, überhaupt bis zu dem Punkt zu gelangen, an dem man «Hausaufgaben fertig» sagen kann, obwohl «keine Hausaufgaben fertig» gilt, sind schon bei dieser simplen Variante beachtlich, ganz zu schweigen von der Virtuosität, die wir daraus entwickeln können – bis zu einem Lügen, das mit der schlichten Negationsformel gar nichts mehr zu tun hat.

Im Anfang unserer Fähigkeit zu lügen ist das Ich. Während es eine sehr schwierige Frage ist, ob und warum es Wahrheit gibt, weil wir unter Wahrheit ein Verhältnis zwischen Bewusstsein und Wirklichkeit verstehen und uns dabei gar nicht so sicher sind, ob es das überhaupt gibt, ist die Frage, warum es die Lüge gibt, ganz einfach zu beantworten: Die Lüge ist, weil der Mensch will, dass sie ist. Lüge hat ihren Ursprung (Aristoteles würde genauer sagen: ihre wirkende Ursache) im Menschen. Sie setzt also menschliches Handeln voraus, damit aber auch das Vermögen zu ebendieser Handlung, nämlich unsere Fähigkeit zu lügen, und den Willen, diese Fähigkeit auch zu nutzen.

Es hat, denn einmal soll es doch erwähnt werden, immer wieder Versuche gegeben zu behaupten, dass der Mensch eigentlich gar nicht lügen kann, dass es die Lüge also gar nicht gibt, und das einfach deshalb, weil es – so geht die Behauptung weiter – schließlich auch keine absolute Wahrheit gebe. Wenn es aber zumindest denkbar ist, dass Wahrheit nur eine Illusion oder eine gesellschaftliche Konstruktion ist, was sollten dann Lügen und Lüge sein? Könnte man nicht einfach sagen, dass jeder Mensch immer aus seiner Sicht der Dinge spricht und dass nur aus der Sicht des anderen der Eindruck entsteht, dass hier jemand etwas Falsches sagt? Abgesehen davon, dass es einen schon misstrauisch machen darf, wenn solche Erklärungen bevorzugt von denen hervorgeholt werden, die sich nachträglich herausreden wollen, verhält es sich bei diesem Problem erfreulich einfach. Die Frage nach dem Lügen und der Lüge hat, so überraschend es einem auch im ersten Moment erscheint, mit der Frage nach der Möglichkeit einer absoluten oder auch nur gesicherten Wahrheit überhaupt nichts zu tun. Unserer Vorliebe dafür, die Lüge einfach als das Gegenteil der Wahrheit zu beschreiben, weil wir das als Opfer einer Lüge so erleben, ist nur in einer ganz bestimmten Bedeutung berechtigt: Derjenige, der lügt, hat vielleicht eine besondere Sicht der Dinge, er hat aufgrund von Herkunft, Bildung, Eigenheiten und was man hier noch nennen könnte, zweifellos immer auch seinen besonderen Blick auf die Welt. All das ändert aber rein gar nichts daran, dass wir nicht von Irrtum, Perspektivismus, individueller Linsenkrümmung, Lernfähigkeit, Wankelmut oder temporärer schlechter Laune sprechen, wenn wir nach der menschlichen Fähigkeit zu lügen fragen. Das, was wir zu modifizieren versuchen, wenn wir lügen, ist schließlich keineswegs die Wahrheit, sondern immer nur das, was wir für die Wahrheit halten. Wir tun das nicht etwa, weil uns diese unsere Wahrheit nicht passen würde, sondern ganz im Gegenteil, weil wir nicht wollen, dass ein anderer Mensch ebenfalls erfährt, was wir für die Wahrheit halten. Wir tarnen genau genommen nicht nur Informationen über die Welt, sondern wollen vor allem selbst nicht erkannt werden. Darum braucht es auch kein besseres Wissen, wider das man zu reden hätte, um zu lügen, denn dafür genügt die bloße Überzeugung, dass das eigene Wissen eines ist. Wie weit man sich also mit dem Skeptizismus auch hervorwagt, das Problem mit unserer Fähigkeit zu lügen bleibt davon ganz unberührt und vor allem ungelöst. Sogar dann, wenn Sie überzeugt wären, dass es für den Menschen überhaupt keine sinnvolle Unterscheidung zwischen wahr und falsch gibt, weil alles relativ, jede Auffassung gleichwertig ist und nichts Bestand hat (außer Ihrer Überzeugung, die Sie dann natürlich ihrerseits für wahr halten müssen, um so zu sprechen), bleibt diese Frage nach der Wahrheit für das Lügenproblem eine Außenperspektive. Der Mensch, der lügt, ist nämlich immer einer, der fest davon überzeugt ist, etwas zu haben, das er so, wie er es hat, nicht teilen möchte, sondern etwas anderes an diese Stelle setzt. Sobald wir lügen, steht für uns fest, dass Wahrheit und Unwahrheit etwas wesentlich Verschiedenes sind. Es mag Grauzonen geben, in der Absicht zu lügen denken wir eindeutig schwarz-weiß. Allein darauf kommt es an, wenn wir ernsthaft mehr über diese besondere Handlungsoption, die als Lügen bezeichnet wird, wissen wollen.

Wenn Menschen über sich nachdenken, dann unterscheiden wir zwischen Handeln und Verhalten, weil wir davon überzeugt sind, dass es einen wesentlichen Unterschied zwischen dem Mechanismus und der Spontaneität gibt. Anders als bei dem Verhältnis von Druck und Stoß, wo immer eins ins andere greift und sich endlose Ursache-Wirkung-Ketten bilden, kennen wir außerdem noch die Vorstellung, dass man eine solche Ursache-Wirkung-Kette von sich aus anfangen kann. Wir haben den Eindruck, dass wir etwas beginnen können, dass also ein Geschehen überhaupt nur geschieht, weil es in uns seinen Anfang, eben seine wirkende Ursache hat. Verhalten nennen wir auch Reagieren, weil das, was sich verhält, nicht darüber entscheiden konnte, wie es sich verhält. Handeln jedoch setzt Freiheit voraus. Wenn es tatsächlich Wahrheit gibt, das heißt, wenn die Menschen die Möglichkeit haben, Erkenntnisse über sich und die Welt zu gewinnen, die wirklich Erkenntnisse sind, weil sie Wirklichkeit enthalten oder doch abbilden, dann ist der Mensch in der Wahrheit wesentlich nicht frei. Wenn ich eine wahre Aussage oder ein wahres Abbild vermitteln möchte, ist es keine Frage meiner Entscheidung mehr, anderes mitzuteilen. Wahrheit ist ebenso wie Wissen die Idee, dass wir denkend etwas von der Welt erfassen können und nicht nur herumimaginieren. Es ist die Idee unserer wesentlichen Abhängigkeit von der Welt. Das Wort Fakten kommt vom lateinischen «factum», was «das Gemachte» heißt und damit etwas wesentlich anderes ist als das von uns Gewünschte oder Gewollte. Ich sage «Die Teetasse auf meinem Tisch ist schwarzgrundig und mit Zeichnungen von William Kilburn bedruckt», weil das so ist und nicht etwa, weil ich die Freiheit hätte, allein durch meinen Willen zu bestimmen, dass die Teetasse anders aussieht oder dass ein anderer als der irische Maler des 19. Jahrhunderts diese Blumen vorgezeichnet hätte oder dass gar nichts auf dem Tisch stünde, von dem ich Ihnen hier erzähle. Ich kann zwar selber entscheiden, ob eine Teetasse auf dem Tisch steht, ich könnte sogar eine herstellen und sie ganz anders dekorieren, wenn ich das möchte. Wenn die Tasse allerdings erst einmal dort steht, bin ich nicht mehr frei, es nicht zu wissen oder nicht für wahr zu halten, und wenn ich Ihnen erzählen möchte, was auf meinem Tisch steht, dann bin ich es auch nicht. Aber ganz offensichtlich sind Menschen in der Lage, so zu tun und sich so zu verhalten, als wenn sie nicht wüssten, was sie wissen, oder sich so zu geben, als wenn sie nicht für wahr hielten, was sie aber für wahr halten. Man könnte es auch andersherum sagen: Wer von Wahrheit und Wissen spricht, der sagt damit auch, dass menschliche Freiheit ihre Grenze findet, nämlich in der Welt, so wie sie ist und auf uns einwirkt, weil sie von uns wahrgenommen werden kann. Gleichzeitig haben wir aber die Möglichkeit, uns anderen gegenüber so darzustellen, als hätten wir ein anderes Wissen und damit nicht etwa nur eine andere Meinung anzubieten, sondern eine Tatsache über die Welt oder uns. Lügen setzt damit aber vor allem Freiheit voraus. Hannah Arendt, die wegen ihres Humors zurecht von all denen gefürchtet wird, die es so genau nicht wissen wollen, sah hier sogar die Antwort auf eine der größten Fragen der Philosophie. Tatsächlich gehört «unsere Fähigkeit zu lügen zu den wenigen Daten», heißt es 1969 in ihren Überlegungen zu *Wahrheit und Politik*, «die uns nachweislich bestätigen, daß es so etwas wie Freiheit wirklich gibt».

Lügen ist also ein Können und nicht etwa ein Unwissen

oder gar ein Unvermögen. Es passiert nicht einfach, es widerfährt dem Menschen auch nicht, sondern man muss es wollen, damit es geschieht.

Genau besehen, realisieren wir im Lügen sogar gleich mehrere Weisen von Freiheit. Wenn der Mensch lügt, will er auf eine Mitteilung von etwas hinaus, das seiner eigenen Überzeugung nach nicht das Bild der Welt vermittelt, so wie sie hier und jetzt ist. Das setzt zunächst einmal voraus, dass wir in der Lage sind, uns selbst dem unmittelbaren Eindruck der Sinneswahrnehmung zu entziehen, dass wir also fähig sind, in Distanz zu unserem eigenen Erleben der Welt und uns selbst zu treten. Ich erkenne zwar die Teetasse, kann mir aber immer noch vorstellen, wie es sich anfühlen würde, wenn dort keine Teetasse oder eine ganz andere stünde. Eine Wahrnehmung ist für den Menschen nämlich nicht notwendig unmittelbar. Unser Bewusstsein ermöglicht es uns, einen Sinneseindruck als *unseren* Sinneseindruck zu begreifen. Auch wenn wir nicht beeinflussen können, dass wir etwas sehen, wenn etwas da ist, können wir uns doch entscheiden, unsere Sinne dem direkten Reiz zu entziehen. Wir können sogar lernen, den Eindruck eines Reizes zu verändern, also das Reiz-Reaktions-Schema unterbrechen, so wie wir das tun, wenn wir uns entscheiden, einen Schmerz auszuhalten oder auf andere Weise bewusst mit ihm umzugehen. Nur weil wir diese grundlegende Freiheit haben, uns sogar noch zu entscheiden, wie wir mit einem Sinnesreiz umgehen wollen, wenn wir die Zeit dazu haben, sind wir überhaupt zur Selbstbeherrschung fähig, die zum Beispiel eine notwendige Bedingung dafür ist, dass wir unserem Gastgeber den Eindruck vermitteln können, er sei ein ganz hervorragender Koch, obwohl er uns gängeweise grauenhaften Fraß serviert.

Zusätzlich zu dieser Fähigkeit, wenigstens in Maßen unabhängig von dem unmittelbaren Einfluss der Affekte zu agieren, also zu handeln, braucht es außerdem die Freiheit von unseren eigenen Überzeugungen. Schon die Kinderlüge «Ja», wenn die Antwort auf die Frage, ob ich mein Fahrrad angeschlossen habe, «Nein» lauten müsste, setzt nämlich voraus, dass ich auch gegenüber meinem eigenen Wissen grundsätzlich frei bin. Ich kann mir eine Welt vorstellen, die anders ist als die Welt, von der ich weiß, also beispielsweise eine Welt mit einem angeschlossenen Fahrrad. Wir sind dazu in der Lage, weil uns unser Wissen im Handeln nicht bindet. Wir können uns an das halten, was wir wissen, aber wir können auch etwas ganz anderes tun. Wer «Böses Denken» gelesen hat, weiß es natürlich längst, dass Immanuel Kant uns deshalb radikal böse, also an der Wurzel des Menschseins selbst schon böse genannt hat. Und genau darum heißt es auf einem der unzähligen Notizzettel Kants auch, dass «die Unredlichkeit der Menschen als das radicale Böse» verstanden werden muss, weil es nämlich «ein formales Böses» ist: Unser Verhältnis zu unserem eigenen Erkenntnisvermögen ist so geschaltet, dass wir absichtlich logische Fehler machen und mit ihnen dennoch bewusst konsequent denken können, ohne dass dieses Denken unsere eigene Überzeugung notwendig beeinflusst. Wir können, kurz gesagt, taktisch mit der Wahrheit umgehen. So wie wir etwas anderes tun können als das, was wir selbst für richtig halten, können wir auch etwas anderes sagen als das, wovon wir selbst überzeugt sind, ohne dass die Mitteilung an einen anderen beeinflusst, was wir weiterhin für richtig halten oder woran wir uns in unserem Handeln orientieren.

Die Beobachtung, dass wir zu mehr als nur einem konsequenten Denken fähig sind, machten die Menschen schon sehr früh. Augustinus von Hippo, der Theologe aus dem

4. Jahrhundert, hat darum vom doppelten Herzen gesprochen. Johann Wolfgang von Goethe ließ seinen Faust über die zwei Seelen in seiner Brust seufzen. Adolf Eichmann, der Menschheitsverbrecher aus dem 20. Jahrhundert und ein überaus begabter Lügner, erkannte die Chance dieser Versuche und hat listig den Begriff «bewusste Schizophrenie» vorgeschlagen, damit aber vor allem verdeckt, warum all diese Umschreibungen nichts nützen, wenn wir vom Lügen sprechen. Lügen bedeutet nämlich erstaunlicherweise nicht die Verdopplung des Ichs, egal, ob uns nun die Vorstellung des Herzens, der Seele oder des Bewusstseins besser gefällt. Die Fähigkeit zu lügen beruht vielmehr auf unserem Vermögen, uns unseres Ichs, also unserer Überzeugungen und Gefühle, umso eindeutiger bewusst zu sein, je überzeugender wir ein ganz anderes Ich simulieren. Wer lügt, muss sich des Unterschieds zwischen dem, was er ist, und dem, als was er gesehen werden möchte, vor allem darum stets bewusst sein, weil es ansonsten nicht möglich ist, den Eindruck zu kontrollieren, den zu erzeugen man sich doch so bemüht.

Das Bewusstsein unserer radikalen Freiheit schließt nämlich nicht aus, dass wir dennoch einen Zusammenhang zwischen Denken und Handeln kennen. Mehr noch, genau das Wissen um diesen Zusammenhang ist eine weitere notwendige Bedingung für das Lügen. Lügen zielt schließlich auf das Denken des anderen Menschen, was aber ganz sinnlos wäre, wenn wir nicht davon ausgehen, dass wir mit dem Einfluss auf das Denken eines anderen auch sein Handeln beeinflussen können. Auch wenn wir gern sagen, dass es uns wichtig sei, wie ein Freund über uns denkt, meinen wir doch vor allem, dass es uns etwas bedeutet, wie der Freund sich uns gegenüber verhält, also handelt. Wer lügt, vertraut darauf, dass eine Veränderung des Denkens eines anderen die Veränderung seines Handelns zur Folge hat, so wie die eigene Überzeugung auch auf das eigene Handeln wirkt. Dass Menschen nicht immer nach ihren Überzeugungen handeln, ist für den Ethiker ein großes moralisches Problem. Für den Lügner allerdings ist es vor allem ein Risikofaktor, den er aber beim zu Belügenden nur als Ausnahmefall einkalkuliert. Die Fähigkeit zu lügen setzt voraus, dass wir in der Lage sind, darüber zu reflektieren, welcher Gedanke und auch welche Denkungsart uns welche Handlungsentscheidung nahelegt, manchmal auch erst eröffnet, und wie man so auf das Denken eines anderen Einfluss nimmt, dass der im von uns angestrebten Sinne handelt, dabei aber immer noch überzeugt ist, im Entschluss frei gewesen zu sein.

Um auf das Denken eines anderen Menschen einzuwirken, braucht es die Möglichkeit der Mitteilung. Ohne ein Medium, das als Verbindung zwischen den Menschen fungiert, geht es nicht. Wenn wir über die Fähigkeit zu lügen nachdenken, fällt uns meist zuerst die Sprache ein, weil sie – zumindest für einen sehr langen Zeitraum – das Medium der Mitteilung ist, das sich für den Austausch verschiedenster Inhalte als überaus tauglich und nicht zuletzt als leicht verfügbar erwiesen hat. Seit einigen Jahren gewinnen Bilder und vor allem Filme eine immer größere Bedeutung, was ganz wesentlich damit zu tun hat, dass wir heute über Techniken verfügen, mit denen sehr viele Menschen Bilder nahezu in Echtzeit herstellen, übermitteln und empfangen können, so wie es früher nur mit Wörtern möglich war. Generell kann aber jedes Medium, das zur Mitteilung genutzt wird, auch zum Lügen genutzt werden, wenn eine Voraussetzung erfüllt ist: Derjenige, der lügen möchte, muss nicht nur verstanden haben, wie man in diesem Medium kommuniziert, sondern er muss auch über ein Wissen darüber verfügen, wie man mit Hilfe dieses Mediums falsche oder doch manipulierte Inhalte als einfachen Datensatz tarnt. Ob Mimik oder Gesten, Blicke oder Berührungen, Sprache, Bilder oder Klänge – nur durch das Wissen, wie jedes für sich als Medium dient, kann es auch bewusst zur unwahrhaftigen Mitteilung verwendet werden. Unsere Fähigkeit zu lügen schließt also notwendig Medienkompetenz und -kontrolle mit ein und das auf einem viel höheren Niveau, als es demjenigen genügen würde, der das betreffende Medium nur konventionell nutzt. Allein die bewusste Erfahrung, wie Information in der jeweiligen Mitteilungstechnik codiert und decodiert wird, ermöglicht es, sie auch zu unserem ganz besonderen Zweck zu nutzen. Weil wir über mehrere Weisen der Mitteilung verfügen, sind wir auch in der Lage, nicht nur durch den Inhalt einer Mitteilung zu lügen, sondern schon dadurch, dass wir überhaupt eines der Medien nutzen. Überhaupt zu sprechen, kann zum Lügen verwendet werden, nämlich dann, wenn ich gar nicht derjenige bin, der zu einem Thema etwas zu sagen hätte und man schon allein aus meinem Sprechen Rückschlüsse auf etwas ziehen muss, das nicht den Tatsachen entspricht. Ebenso kann allein das Senden eines Bildes ganz unabhängig von seinem Inhalt eine bewusste Irrtumserregung sein, wenn ich beispielsweise das Bild statt einer Wortmitteilung verwende, um den Eindruck zu vermitteln, ich sei in der Lage, Fotoaufnahmen zu machen, oder es handele sich um einen Beitrag zum besprochenen Thema. Wer im Zusammenhang einer Straftat, bei der die Polizei ermittelt, Bilder verschickt, vermittelt unweigerlich den Eindruck, es handele sich um Bilder zum aktuellen Fall und nicht etwa um im Internet aufgeklaubte Fotos, die zu einem ganz anderen Zeitpunkt und womöglich noch am anderen Ende der Welt entstanden sind. Weil das so ist, muss derjenige, der lügt, auch nicht notwendig die Unwahrheit sagen. Zu dieser heute besonders populären Lügentechnik ist später noch einiges zu sagen. Hier genügt der Hinweis, um künftig eines der gefährlichsten Missverständnisse über die Bedingungen der Lüge zu vermeiden: Wer unsere Fähigkeit zu lügen verstehen will, tut gut daran, sich gerade nicht auf eines der Werkzeuge, das wir dazu verwenden können, zu beschränken.

Unsere Fähigkeit zu lügen ist eine kognitive Leistung, die neben unserer Einbildungskraft vor allem die Möglichkeit zum Perspektivenwechsel voraussetzt. Ich muss in der Lage sein, mir eine Welt zu denken, die so gar nicht ist, wozu auch gehört, mir Bewusstseinszustände oder Gefühlslagen vorstellen und darstellen zu können, die ich gar nicht habe, wenn ich vermitteln möchte, dass ich sie habe. Ebenso muss ich fähig dazu sein, mich an die Stelle dessen zu denken, dem ich etwas mitteile. Im Unterschied zu einem Gespräch über einen Apfel hat der, der lügt, nicht die Möglichkeit, ein Verständigungsproblem dadurch zu lösen, dass er auf den Apfel deutet und «Sieh doch selber» oder «Probier einmal!» sagt. Das setzt auch voraus, sich den konkret zu Belügenden vorzustellen, nämlich in seiner individuellen Sichtweise, seinem Wissensstand und seiner Möglichkeit, das von mir Mitgeteilte im Zweifel zu kontrollieren.

Für keine andere Fähigkeit wechselt der Mensch so häufig die Perspektive wie für das Lügen. Wir können nicht nur anderen mitteilen, was wir für wahr halten. Uns kann auch bewusst werden, wie wir etwas mitteilen, und wir sind in der Lage, jede Mitteilungsweise dafür zu verwenden, den anderen zur Annahme zu verleiten, dass wir etwas ganz anderes für wahr halten. Wir wissen so viel über den Zusammenhang von Denken und Handeln, also darüber, was es für uns bedeutet, etwas für wahr zu halten, dass wir die Möglichkeit erkennen, einen anderen Menschen nicht nur durch Gewalt zu einem bestimmten Verhalten zu nötigen, sondern auch durch einen taktischen Umgang mit der Wahrheit zu beeinflussen. Auch wenn es nicht Gewalt, sondern Manipulation ist, die auf das Denken einwirkt, kann das zu einem Handeln führen, das wir als die Lügenden uns wünschen. Lügen ist ja nicht weniger als der Versuch, das Handeln eines Menschen zu verändern, indem man unbemerkt sein Denken des Weltbezugs beraubt und ein bloßes Denken aufgrund der eigenen Mitteilung an diese Stelle setzt. Wir sind also nicht nur fähig, durch unsere verschiedenen Erkenntnisvermögen ein Bild der Welt zu erlangen, das es uns erlaubt, uns in der Welt zu orientieren, sondern wir können gleichzeitig ein zweites Bild für einen anderen Menschen fingieren, das bei ihm die Illusion erzeugt, es handle sich um ein selbergefundenes, das ihm zur Orientierung taugt, obwohl es eine gezielte Fehlleitung im Sinne des Lügners ist. Wir können eine Brücke bauen, auf die wir selbst nie einen Fuß setzen würden, und dem anderen den Vortritt lassen oder ihn sogar dazu verleiten, sich das Recht dazu in einem Kampf zu erstreiten, den wir nur inszeniert haben, damit er abstürzt. Ist es da verwunderlich, wenn Menschen heimlich den bewundern, der ein solches Zauberwerk tatsächlich zustande bringt?

Der Lügner

Hier zeigt sich das Merkwürdige,
daß der, der lügt, gerade den Tatbestand,
über den er aussagt, kennen muß.
Nur wenn ich den Tatbestand kenne, bin ich
in der Lage, anständig zu lügen.
Martin Heidegger, deutscher Philosoph,
Erste Marburger Vorlesung (1923/24)

Hersteller von Fiktionen hören es gern, wenn man ihnen attestiert, dass im Grunde alle Künstler, zumindest aber alle Wortkünstler Lügner von Gewerbe seien. Die Vorstellung, nicht nur von allen Grenzen des Gegebenen frei, sondern auch ein Illusionist zu sein, der eine Welt entstehen lassen kann, wie sie nie war und ohne ihn nicht sein könnte, ist berauschend. Seiner Einbildungskraft Raum zu geben, kostet schließlich oft genug Mut. Nicht jeder traut sich zu fliegen. Die Erfahrung, mit dieser Kunst Leser zu gewinnen, die sich in die fiktive Welt hinein locken lassen und sich für das begeistern, was man geschaffen hat, kann zweifellos Sucht erzeugen, vor allem aber den Schriftsteller selbst zur Idee verführen, wenigstens ein bisschen dem zu gleichen, der «Es werde Licht» sprach, woraufhin Licht wurde. Wohnt denn nicht aller Kreativität die Lüge inne?

Die Frage, ob Lügner nicht die besseren oder wenigstens die klügeren Menschen seien, stellte ein Philosoph schon vor über 2400 Jahren, genauer (denn unser Thema verlangt Präzision wie kein anderes): Der Philosoph erfand sich ein kleines Kabinettstück, in dem ein anderer Philosoph diese Frage an einen ebenso begabten wie gefragten öffentlichen Intellektuellen richtet, um ebendiesen Star seiner Zeit im Namen der Suche nach der Wahrheit um seinen Ruf zu bringen. Platons Dialog *Hippias minor* ist vielleicht *die* Skandalschrift des großen griechischen Philosophen, so anstößig jedenfalls, dass neuzeitliche Denker sie immer wieder zu einer Fälschung erklärt haben, ohne dass ihnen ein anderer Grund dafür eingefallen wäre als allein der Inhalt. Denn kann das sein? Ist es möglich, dass ausgerechnet ein Philosoph die Lügner für ihre Kenntnisse und Fähigkeiten lobt? Außerdem noch einer, der Schriftsteller für gemeingefährlich hielt, weil sie Fiktionen schaffen, statt sich dem Klären der Begriffe zu widmen?

Der Philosoph Sokrates spricht Hippias von Elis, den Vielkundigen, nach einem seiner Abendvorträge an, als das Publikum schon gegangen ist. Man mag sich gegenseitig nicht; Hippias, dem wir übrigens eine beachtliche mathematische Entdeckung verdanken, die mit der Quadratur des Kreises zu tun hat, befürchtet zurecht das Schlimmste. In seinem Vortrag hatte er über Homer gesprochen und dabei auch über die beiden Helden in dessen Dichtungen: Achill, den aufrechten Recken ohne Tadel, und Odysseus, den listenreichen Dauerreisenden. Sokrates macht kein Geheimnis daraus, dass er Dichtung weniger schätzt als die Wahrheit. Wer von den beiden homerischen Helden denn nun wirklich der bessere sei, möchte Sokrates wissen, der Wahrhaftige oder der Lügner? Hippias scheine sich da ja ganz sicher zu sein, nachdem er Achill so hoch gelobt hat. Wenn Sie schon einmal einen platonischen Dialog gelesen haben, wissen Sie natürlich, was jetzt kommt. Sokrates spielt den Unbedarften, stellt lauter einfache Fragen und zerfleddert beiläufig die schöne Selbstsicherheit des Hippias, bis auch diesem Gegner, einem der bestbezahlten Vortragsreisenden seiner Zeit, nichts als Stottern übrig bleibt. Immerhin erlaubt Platon dem so Vorgeführten, mürrisch über die Art zu sein, mit der Sokrates ihn angeht.

Der Dialog ist, sein Name sagt es ja schon, *minor*, also kurz, nur vierzehn Seiten nach der Stephanus-Ausgabe. Sie können ihn problemlos ohne großen Zeitaufwand selber durchlesen, und darum darf ich ihn hier auch rücksichtslos einseitig für unseren Denkweg ausbeuten. Achill, das hatte Hippias betont, ist stolz darauf, stets zu sagen, was er denkt. Seine Unverwundbarkeit verdankt er dem Bad im Styx, dem Fluss, aus dessen Quelle das Eideswasser stammt, von dem Zeus, der oberste Gott, diejenigen zu trinken zwingt, an deren Aufrichtigkeit er zweifelt. Wer das eine im Herzen verbirgt und das andere redet, ist dem Helden verhasst, so wie er auch Odysseus nicht achten kann, weil der damit bekanntlich überhaupt keine Probleme hat. Aber ist das ein Grund, jemanden für seine Leistung hoch zu schätzen? Muss nicht, so argumentiert Sokrates, Odysseus zumindest eben so viel können wie Achill? Vielleicht sogar mehr? Odysseus, den Homer so schön den Polytropen, also den Vielgestaltigen nennt, muss doch genau dazu, zum Auftreten in vielerlei Gestalt, in der Lage sein, was offensichtlich schwieriger ist als immer nur in einer Gestalt zu erscheinen und also nicht bloß gegenwärtig, sondern wahrhaft zu sein. Wer lügt, der tut das nicht, weil er krank ist oder nicht fähig wäre, die Wahrheit zu sagen, er tut es auch nicht, weil ihm schlicht jeder Ernst fehlte oder es ihm an Klugheit mangelte. Im Gegenteil: Wer lügt, der muss doch wissen, wovon er spricht, also «tüchtig und klug und kundig und weise» sein, «ein Weiser im Betrügen». Wer vorsätzlich nicht die Wahrheit sagt, so schließt Sokrates munter weiter, der kann eindeutig beides: die Wahrheit sagen und es auch lassen, so dass derjenige, der unfähig zu lügen ist, einfach weniger kann, weil er im Unterschied zum Vielgestaltigen keine Wahl hat. Das sei letztlich mit dem menschlichen Körper nicht anders. Da gelte doch auch derjenige als der Bessere, der zu allem in der Lage ist, sich aber bewusst einschränkt, im Unterschied zu demjenigen, der etwas von vornherein nicht kann? «Was für Augen möchtest du haben?», rückt Sokrates Hippias nach allen Regeln der Argumentationslist zu Leibe. «Und mit was für welchen wärst du zufrieden? Mit Augen, mit denen man absichtlich verschwommen und eingeschränkt sieht, oder mit denen, wo das unabsichtlich so ist?» Und schon hat er uns genauso in Verlegenheit gebracht wie vor über zweitausend Jahren den Hippias. Dieser Dialog endet, anders als die bekannten Dialoge, die man gewöhnlich im Studium liest, nicht aporetisch, also nicht unentschieden und offen. Im Gegenteil, das Ergebnis ist ganz eindeutig. Aber die Verwirrung könnte dennoch nicht größer sein. Sokrates und Hippias kommen beide äußerst widerwillig zum Schluss, dass Lügner wie Odysseus der Polytrop nicht bloß die Tüchtigeren, sondern sogar die Besseren sind, auch wenn beide sich darüber einig sind, dass dieser Gedanke alles andere als schön ist und es sich keinesfalls so verhalten dürfte. Dass Hippias den Gedanken noch weit weniger schöner findet, weil damit nicht nur sein Vortrag widerlegt ist, sondern Sokrates sich selber bei alldem die Rolle des naiven Wahrhaftigen ausgesucht hat, der ganz bescheiden den Tüchtigeren, also offenbar den Lügner, befragt, macht diesen Dialog zu einem der witzigsten im Repertoire der Werbeschriften für Platons Akademie. Heute würde man ihn vermutlich unter dem Titel «Wie man einen Hochstapler entlarvt» verkaufen. Habe ich Ihnen schon empfohlen, den kleinen Text selber zu lesen?

Was Platons Sokrates hier vorführt, ist das elitäre Selbstverständnis von Menschen, die nicht nur gelegentlich lügen, sondern sich durch ihre Fertigkeit im Lügen als überlegen empfinden. Die Vorstellung, dass der Lügner über die Wahrheit frei verfügen kann, während die anderen ihr und vor allem der Konvention ausgeliefert bleiben, beflügelt bis heute selbsterklärte Übermenschen und bringt außerdem gewaltige Schwierigkeiten für die viel sympathischere Vorstellung mit sich, dass die Lüge allein die Waffe der Schwachen und Unterdrückten, also der Sklaven, der Diener und natürlich der Frauen sei. (Keine Sorge, zu der großen und alles andere als schwachen Frauenlüge kommen wir später.) Wenn Lüge nämlich eine Folgeerscheinung von Ungleichheit ist, dann wäre sie auch leicht zu überwinden. Aber wie konkurriert man mit Vernunft gegen den hybriden Höhenrausch der Selbsterwählten? Sicher nicht, indem wir vergessen, dass wir gerade nicht über Moral oder gar das Schöne nachdenken wollten, sondern über das, was sich über das Lügen und in diesem Fall über den Lügner lernen lässt.

Die Tatsache, dass Lügen bedeutend komplizierter ist als das Aussprechen dessen, was man selber für wahr hält, verführt seit je dazu, die Lüge für den Ausdruck, vielleicht sogar für das wesentliche Merkmal des Kreativen und Genialen zu halten. Dabei wird allerdings etwas Entscheidendes übersehen: Der Lügner will ja nicht einfach nur mit der Wahrheit spielen und herausfinden, was man mit diesem freien Spiel wohl alles zustande bringen könnte. Auch wenn man es im Rückblick gern so aussehen lassen möchte, muss der Lügner doch vor allem darum besorgt sein, bei seinem speziellen Freiheitsgebrauch nicht durchschaut zu werden. Sobald man diesen Meister für sein Werk lobt, droht sein Werk nämlich allzu schnell zu zerbrechen, als dass es noch eines sein könnte. Aus dem Lügen muss am Ende doch die Lüge werden, also nicht nur die Absicht und der Versuch, sondern die Wirkung in der Welt durch das Einwirken auf das Handeln des Menschen, den man zu belügen versucht. Dafür ist allerdings der Lügenstolz ebenso hinderlich wie das Wahrheitspathos. Der Lügner will vor allem Fakten schaffen, nicht schöne Geschichten. Genau das, was eine literarische Figur wie Odysseus sein darf, nämlich originell und unterhaltsam, ist für den Lügner nichts als ein Hindernis. Unterhaltsamkeit wäre genauso auffällig wie die Versicherung, dass man selbstverständlich nicht lügt.

Sätze wie «Wahrlich, ich sage Euch …» oder «Believe me!» sind nicht nur vollkommen sinnlos, sondern sprechen genau das an, was der Lügner auf keinen Fall ansprechen darf: den möglichen Zweifel an der Wahrhaftigkeit seiner Inszenierung. Wer ein Buch mit der treuherzigen Versicherung an den Leser beginnt, dass er etwas unerhört Aufrichtiges in Händen halte, weckt sofort Zweifel, weil er die Aufmerksamkeit genau darauf lenkt, dass Aufrichtigkeit nur eine Möglichkeit von vielen ist. Einfach erzählen zu können, ohne irgendetwas zu erfinden, mag für einen Schriftsteller einen besonderen Reiz haben oder auch nicht, weil ein Erzähler auch hier die Wahl hat. Der Lügner allerdings hat genau diese Wahl nicht. In welchem Medium auch immer er sein Bild der Welt malt, ob er mit Hilfe von Unwahrheit, Verzerrung oder Wahrheit lügt, ja, ob er sich dabei sogar Formen der ausdrücklichen Wahrheitsversicherung wie des Eides, des Gelübdes oder des Versprechens bedient – er muss vor allem schon die Perspektive vermeiden, aus der die Frage gestellt werden kann, ob hier jemand vielleicht anderes mitteilt als das, was mitgeteilt werden muss. Wer lügt, kommt schließlich nicht daher und sagt: «Ja, ich weiß, wie du über dies und das denkst, aber schau mal, man kann auch ganz anders darüber denken, und vielleicht magst du es mal damit versuchen, denn so ein Perspektivenwechsel macht Spaß.» Dass jeder aus seiner Sicht recht hat, ist eine Idee, auf die man erst kommt, wenn die Lüge aufgeflogen ist und man noch alles versucht, um sich herauszureden. Ein Mensch, der sich auf das Lügen konzentriert, darf nicht schillern und auch nicht vielgestaltig erscheinen, sondern muss vielmehr so langweilig wie möglich bleiben, damit die kleinen entscheidenden Veränderungen nicht auffallen. Er hat auch keinen Januskopf, jedenfalls dann nicht, wenn er erfolgreich lügen will, denn er ist nicht der, der in zwei Richtungen schaut, sondern einer, der sein Ziel fest im Blick haben muss, wenn er den anderen in die Irre schauen lassen möchte. Der taktische Umgang mit der Wahrheit setzt nicht nur die Selbstbindung an das voraus, was man selber für wahr hält, sondern auch eine möglichst große Nähe zur Welt und dem, was möglichst viele für wahr halten. Genau das ist, wie Heinrich Blücher es so unübertroffen formuliert hat, der Abgrund, über dem sich der Lügner in der Schwebe halten muss. In die Wahrheit soll allein der Belogene stürzen. Niemand muss nach außen so konsequent auf dem Unterschied zwischen wahr und falsch bestehen und entsprechend empört mit dem Finger auf jeden anderen zeigen und den als Lügner bezeichnen wie der, der uns glauben machen möchte, was er selber nicht glaubt.

Die Vorstellung, dass der Lügner frei wie ein Schriftsteller sei oder gar Mut im Denken beweisen dürfe, ist ein schöner literarischer Irrtum, aber vor allem ein Irrtum. Nur weil jemand Unwahres vermittelt und nur weil Lügen eine Handlung ist, die nicht ohne Freiheit gedacht werden kann, handelt es sich noch nicht um einen kreativen Akt, geschweige denn eine notwendige Voraussetzung für Literatur oder Kunst. Wenn es jemanden gibt, der genau wissen muss, wofür sein Herz schlägt und wozu er all seine Talente einsetzt, weil er sie schon an die Realität gebunden hat, bevor er sie nur verwendet, dann ist es der, der andere dazu bringen möchte, ihm zuzuarbeiten, auch wenn sie es bisher nicht vorhatten. Der Dichter mag frei aus der Wahrheit schöpfen, was ihm für seine Geschichte nützlich erscheint. Der Lügner aber darf nur so wenig Unwahrheit wie irgend möglich unter die Wahrheit mischen, weil keiner merken soll, was er da treibt. Es ist leicht zu übersehen, aber niemand ist so unfreiwillig an Wissen und Wahrheit gekettet wie der, der nicht nur lügen, sondern auch eine Lüge in die Welt setzen will. Nirgendwo ist die Möglichkeit zur Kreativität begrenzter. Der Lügner erfindet die Welt nicht neu. Er kann nur den einen oder anderen Orientierungspunkt setzen, der uns andere als unsere eigenen Wege gehen lässt. Die schriftstellerische Freiheit ist sehr begrenzt für den, der reale Handlungsräume simulieren muss, um zu erreichen, was er will.

Der Lügner ist ein Mensch, der die Fähigkeit zu lügen tatsächlich benutzt. Achill kann wie jeder von uns zumindest in dieser Hinsicht nicht weniger als Odysseus. Wir alle haben schon einmal gelogen, waren also auch schon einmal Lügner. Darum können wir uns auch bewusst machen, wie und in welchem Medium aus der Möglichkeit eine Wirklichkeit wurde, also aus dem Können ein Tun. Wir wissen deshalb auch, dass es dazu keiner anderen Erkenntnisvermögen bedarf als jener, über die jeder andere Mensch auch verfügt und von denen wir jedes einzelne auch anders, also in anderer Verbindung und zu einem anderen Zweck, nutzen können. Ich-Sagen dient ebenso wenig wie die Freiheit, die Einbildungskraft, das konsequente Denken und Handeln nur zum Lügen, ebenso wie Sprache, Bilder und sonstige Medien der Mitteilung zu keinem anderen Zweck als dem der Täuschung dienen würden. Wenn wir aber lügen und es damit auch zur Lüge bringen wollen, dürfen wir sehr viel weniger mit der Wahrheit anfangen, als es der darf, der erklärtermaßen damit spielt, dieses Spiel also ganz öffentlich treibt. Andernfalls enden wir nicht bei einer Lüge, sondern werden zur peinlichen Figur, denn mit ruiniertem Ruf lügt es sich vor allem erfolglos.

Die so beliebte Selbststilisierung, aber auch die öffentliche Gleichsetzung der Künstler mit dem echten Täuscher gründet noch in einem zweiten Missverständnis, nämlich der Verwechslung des Lügners mit dem Medium, das er nutzt. Auch Täuschungskünstler, Schauspieler, ja sogar Romantiker und Berufsredner, aber auch Wissenschaftler und Journalisten sind je nach den Vorlieben der jeweiligen Zeit mit gewerbsmäßigen Lügnern verwechselt worden, weil sich schlicht jede Mitteilungsweise zum Lügen nutzen lässt, wenn man ihre Möglichkeit dazu erkennt. Darüber hinaus bietet jede Profession, die sich der besonderen Pflege eines Mediums oder auch nur einer Methode des Mitteilens gewidmet hat, die beste Tarnung für den, der sich zwar aus anderem Anlass und mit anderer Absicht, aber ebenso gründlich damit beschäftigt. So nutzten die überzeugten nationalsozialistischen Weltanschauungskrieger ausgerechnet die Pressefreiheit, um im neuen Gewand gegen eine freiheitliche Gesellschaft anschreiben zu können, auf deren Ende sie es abgesehen hatten. Wer die Mittel und Methoden anderer nutzt, weil er sie noch nicht verbieten kann, dem wird jede Verwechslung lieb sein. Wenn man ihn auch noch in der Deckung, die er sucht, willkommen heißt, gelingt das Lügen umso leichter. Dass zwischen einem Zauberer und einem Trickdieb eine ganze Welt liegt, so wie auch die Zahl der Fußnoten nicht notwendig die Forschungsleistung abbildet, ist immer dann leicht zu übersehen, wenn die Öffentlichkeit ohnehin Ressentiments pflegt, die dem Lügner sogar noch die Rolle des subversiven Kritikers zugesteht. Hat der, der seine Doktorarbeit so aalglatt fälschen ließ, nicht vor allem offengelegt, dass das System nichts taugt? Sind Titel überhaupt noch zeitgemäß? Hier wird die Perspektive des moralischen Fragens missbraucht, um der schlichten Einsicht auszuweichen, dass wir alle Erfahrungen mit unserer Fähigkeit zu lügen haben. Mit anderen Worten: Wir wissen ganz genau, dass es nur den Willen zum Lügen und damit ganz allein uns braucht, damit aus der menschlichen Fähigkeit zu lügen ein Lügner wird.

Dass der Mensch aus jeder seiner Fähigkeiten auch eine Fertigkeit entwickeln kann, gilt selbstverständlich auch für das Lügen. Kinder müssen das erst üben, weil es eine fein abgestimmte Koordination verschiedenster Vermögen verlangt. Die Erfahrung mit den eigenen Fähigkeiten macht aber einen Menschen nicht besser, wie es Platons Sokrates dem Hippias geschickt unterschiebt, sondern zu einem Menschen, der etwas besser kann, der also eine andere Geschicklichkeit im Umgang mit einer menschlichen Möglichkeit hat. Der angemessene Vergleich wäre demnach nicht die Frage, ob wir von Geburt an einwandfrei sehen würden oder lieber fehlsichtig wären, sondern allenfalls die, warum manche Menschen so viel Mühe darauf verwenden, Fehlsichtigkeit vorzutäuschen.

Wie bei jeder unserer Fähigkeiten können wir auch das Lügen als solches ausüben oder es zu einem bestimmten Zweck realisieren. Das Lügen als Selbstzweck charakterisiert einen Menschen, den wir einen notorischen Lügner nennen und damit meist eine Mahnung an uns und eine Warnung an andere verbinden. Es hat aber die besondere Bewandtnis, dass ein Lügner, der das Lügen als Existenzform wählt, genau damit die Fertigkeit verliert, die sich aus der Fähigkeit entwickeln ließ. Ganz und gar ein Lügner sein zu wollen und die eigene Identität an das Lügen, also an das Verbergen der eigenen Erscheinung zu knüpfen, führt nicht nur zu einem fortschreitenden Selbstverlust, für den die Psychopathologie den Namen *Pseudologia phantastica* kennt. Was den notorischen Lügner vor allem von einem Menschen, der zu einem bestimmten Zweck lügt, unterscheidet, das ist die Wahrscheinlichkeit, bei dieser Beliebigkeit mit dem je einzelnen Lügen noch zu dem zu kommen, was wir hier genauer ergründen wollen, nämlich zu einer Lüge. Auch wenn unsere Fähigkeit zu lügen und ein Lügner notwendige Bedingungen dafür sind, dass eine Lüge entstehen kann, ist die Lüge keineswegs schon mit einem von beidem identisch.

Die Lüge

Zwischen dem Sagen einer Lüge
und dem Lügen ist ein Unterschied.
Publius Nigidius Figulus,
römischer Gelehrter und Politiker,
Fragment (1. Jh. v. Chr.)

Wenn wir von einer Lüge sprechen, dann meinen wir damit nicht nur eine Denkerfahrung. Wir sagen vielmehr, eine Lüge sei in der Welt, und haben dazu auch alle Berechtigung, denn schließlich gehört es zu unserer Erfahrung, dass eine Lüge den Lügner nicht mehr braucht, wenn sie erst im Umlauf ist. Nahezu jeder kann eine Lüge weitertragen, und das auch ohne zu wissen, dass es eine ist. Man kann eine Lüge sogar dann noch weitererzählen, wenn man erkannt hat, dass es eine ist, ohne dass sie dadurch aufhörte, eine Lüge zu sein. Noch nicht einmal der Lügner, der sie in die Welt setzte, kann unumschränkt über eine Lüge verfügen, denn auch wenn er den Anstoß dazu gab, ist sie offenbar nicht seine allein. Wer einmal erfolgreich gelogen und danach versucht hat, sich zu korrigieren, also sein Lügen offenzulegen und dadurch die Lüge zu zerstören, der weiß, dass das nicht einfach, oft sogar unmöglich ist. Eine Lüge kann ein Leben formen und den Lügner, ja, man möchte es sagen: überleben. Wir kennen Lügen, die sogar Jahrhunderte und ganze Kulturen überstanden haben. Das, was im taktischen Umgang mit der Wahrheit seinen Anfang nimmt, wird als Ding in der Welt zu einer Realität, über die sich die Wahrheit sagen lässt. Wir wissen, dass das so ist. Aber zu beschreiben, warum das möglich ist, ist gar nicht so einfach.

In unserer abendländischen Denktradition ist die Lüge wie auch das Böse nur als Seinsmangel vorstellbar. Ihre Namen sind Leerstellen für das, was sein sollte, aber nicht ist, weil wir es versäumt haben. Das Böse ist nur der Mangel an Gutem, die Lüge nur der Mangel an Wahrheit. Was die Scholastik im Rückgriff auf Platon und Aristoteles unter dem Namen Transzendentalien klar formuliert, wirkt in unserem Denken bis heute nach und scheint auch denen selbstverständlich, die es nie selber bei Albertus Magnus oder Thomas von Aquin gelesen haben:

Omne ens est unum. – Alles, was ist, ist eines.
Omne ens est bonum. – Alles, was ist, ist gut.
Omne ens est verum. – Alles, was ist, ist wahr.

Man war sich vor achthundert Jahren nicht einig, ob es nicht noch mehr Transzendentalien gibt, also vielleicht auch das Wesen *(res)* oder die Schönheit *(pulchrum)*, eventuell sogar die Andersheit *(aliquid)* dazuzuzählen wären. Für reale Gegenentwürfe aber gab es im monotheistischen Glaubenssystem keinen Platz. Unsere Hoffnung, dass sich auf lange Sicht die Wahrheit und das Gute immer durchsetzen würden, hat viel mit dieser scholastischen Auffassung zu tun, dass weder die Lüge noch das Böse ein Sein haben. Sogar in den Naturwissenschaften hat sich diese Denkungsart niedergeschlagen, beispielsweise in der Evolutionsbiologie, die nicht nur davon überzeugt ist, dass sich die Lebewesen aus einem Ursprung entwickelt haben, sondern auch davon, dass sich stets die Besten *(the fittest)* durchsetzen werden. Auch wenn es immer wieder andere Denkanstöße wie die Gnosis oder den pluralistischen Ansatz von Denkern wie Immanuel Kant gegeben hat: Dualistisch oder gar in noch mehr als zwei Werten zu denken, das fällt uns bis heute nicht leicht. Wie so oft verrät uns nur manchmal unsere Sprache, dass wir längst weiter denken, als wir wollen, etwa wenn heute von Gerüchten die Rede ist, die sich «viral» im Internet verbreiten oder vom «Narrativ», das Fakten schafft. Gegenstände heißen Gegenstände, weil sie uns entgegenstehen, und Wirklichkeit unterscheidet sich von Wahrheit darin, dass sie sich um unseren Kenntnisstand ebenso wenig schert wie um unsere Meinung. Lügen, das wissen wir längst, sind ein Gegenstand und nicht nur ein beliebiges Thema unseres Nachdenkens.

Wer nach den Bedingungen dafür sucht, warum aus einem Lügen eine Lüge werden kann, fängt am besten dort an, wo genau das tatsächlich nicht geschieht, nämlich beim erfolglosen Lügen. Beispiele dafür kennt jeder von uns. Es ist ein Geburtstag, jemand bringt zum Familienfest einen durchaus sympathischen Begleiter mit, der spätestens wenn sich der Tag in den Abend zieht, mit den letzten Urlaubserlebnissen Eindruck schinden will: Den Bären hat er mit eigenen Händen niedergerungen, den Ärmelkanal einarmig durchschwommen und dabei noch ein unschuldiges Kind vor den Haien gerettet, während sein unfähiger Chef nicht mal gewusst hat, wie er die Firma zehn Tage ohne seinen wichtigsten Mitarbeiter über Wasser halten sollte.

Hat unser großmäuliger Gast gelogen? – Aber ja.

Ist das irgendjemandem entgangen? – Nein.

Unter uns saß zwar ein Lügner, der nach besten Geisteskräften log, aber es wurde dennoch keine Lüge daraus, sondern einer dieser amüsanten Abende, an denen fast alle anderen im stillen Einverständnis gespannt verfolgen, wie weit der Spinner es wohl noch treibt und vor allem – denn wenn es eine typische Familie ist, interessiert sie das noch viel mehr – wie lang die Verwandte, die den peinlichen Aufschneider mitbrachte, es noch schafft, so zu tun, als würde sie ihn beeindruckend finden.

Es gibt eine Kategorie, die ein Lügner strengstens beachten muss, wenn sein Lügen erfolgreich sein soll, und das ist die Wahrhaftigkeit. Das englische *truthfulness* sagt noch etwas deutlicher, worum es dabei geht. Da man lügt, um einen Fehlschluss zu erregen, dieser Fehlschluss aber ein ganz bestimmter sein soll, nämlich der, den der Lügner nahelegt, muss das, was nicht ist, in ganz vieles von dem verpackt werden, was ist, damit niemand bemerkt, worum es dem Lügner geht. Die Mitteilung muss genug Wahrheit enthalten, um glaubhaft zu sein. Der andere soll sich ja nicht einfach nur irren. Lügen funktioniert nur als Ausnahme, und das gilt sogar noch für das Unwahre in der Mitteilung, die der Initiierung der Lüge dienen soll. Wahrhaftigkeit ist eine Kategorie, über die wir im alltäglichen Leben nur wenig nachdenken, weil gar kein Anlass dazu besteht, sich darum zu sorgen, ob uns die anderen auch glauben. Ich muss mich nicht eigens um Wahrhaftigkeit bemühen, wenn ich die Konditorei meines Vertrauens betrete und kund tue, dass ich jetzt gern zwei Stücke der Lübecker Nusstorte zum Mitnehmen hätte. Ganz im Gegenteil wäre es höchst befremdlich, wenn die Verkäuferin nachfragen würde, ob das auch wahr ist, ohne dass offensichtlich wäre, dass wir herumscherzen. Eine Mitteilung bewusst so auszustatten, dass sie möglichst vieles von dem enthält, was der Wahrheit entspricht, das muss nur derjenige, der etwas mitteilen will, von dem er weiß, dass es ganz und gar nicht wahrscheinlich ist, und das schlicht darum, weil es nicht, wie wir sagen, stimmt. Unstimmigkeiten machen Menschen nervös, also im Zweifel misstrauisch.

In unserer Welterfahrung ist doch schon genug unstimmig, deshalb wollen wir nicht auch noch unstimmige Sätze oder Gesten, es sei denn, wir wüssten von vornherein, dass es sich um einen Scherz handelt oder eine künstlerische Darbietung. Natürlich passiert es uns allen ständig, dass wir uns nicht klar ausdrücken oder in der Mitteilung verfaseln, aber im Unterschied zu dem, der lügen will, braucht uns eine Nachfrage nicht zu beunruhigen. Wenn es einer Mitteilung an Wahrhaftigkeit mangelt, muss man ein Kind oder sehr verliebt sein, um sie dennoch glaubhaft zu finden. In einem Zeitalter, in dem der Zugang zu Informationen so schnell und einfach ist wie niemals zuvor, ist natürlich auch die Anforderung an einen Lügner deutlich höher. Wer nicht schon an seinem schlichten Mangel an Wissen scheitern will, also daran, dass immer irgendjemand mit einem Netzanschluss da sein könnte, der es schnell besser weiß, hat umso mehr Anlass, gerade im Lügen so dicht wie irgend möglich an der Wahrheit zu bleiben.

Die notwendige Orientierung an der Wahrhaftigkeit macht darum insbesondere Heldentaten und andere Sensationen zu untauglichen Themen für das Lügen. Als Zuhörer haben wir uns längst daran gewöhnt, derartige Geschichten eher im Unterhaltungsbereich einzuordnen oder den offenbar unbändigen Tatendrang des Helden dafür zu nutzen, ihn gleich noch den Vorgarten umgraben zu lassen, bevor er endgültig gehen darf. Es liegt im Wesen des Außergewöhnlichen, unsere Aufmerksamkeit leichter zu erregen, weshalb wir auch von «Sensation» sprechen, weil es das ist, was unsere Sinne mehr beeindruckt als das Gewöhnliche. Doch bedeutet Aufmerksamkeit noch längst nicht, dass der andere auch überzeugt wäre. Das weiß jeder, der schon einmal vergeblich darauf vertraut hat, dass Menschen eine Information auch ernst nehmen würden, nur weil man sie dazu bekam, einen neugierig anzusehen, während man spricht, oder sich eine ordentliche Zeitung zu kaufen.

Es wäre allerdings vorschnell und vor allem gefährlich, davon auszugehen, dass jeder Lügner auch darauf aus sein muss, dass man ihm glaubt. Im Gegenteil: Auch wer nur lügt, um sehr schnell aufzufliegen und die entsprechende Empörung auszulösen, kann Wirkung erzielen. Ein prominentes Beispiel liefert ein Fall, in dem es nicht nur um einen offenkundig taktischen Umgang mit der Wahrheit geht. Die Wahrheit, mit der hier taktiert wird, ist ausgerechnet eine über die mögliche Unwahrheit. Der neuerdings so übel beleumdete Begriff *alternative facts* stammt aus der amerikanischen Rechtspraxis und steht dort nicht nur für eine klassische Verteidigungstechnik, sondern auch für einen hohen Anspruch an Fairness im Verfahren, nämlich die juristische Garantie, dass alle denkbaren Möglichkeiten berücksichtigt werden, mit der sich der vor Gericht verhandelte Sachverhalt erklären lassen könnte. Menschen können sich bekanntlich irren, wenn es um Ursache-Wirkungs-Zusammenhänge geht. Wir neigen dazu, vom Endergebnis her zu denken und alles, woran wir uns erinnern, sinnvoll daraufhin zu ordnen. Dieses teleologische Denken ist in hohem Maße fehleranfällig, wenn die Suche nach Sinn das Übergewicht bekommt und Fakten aus der Aufmerksamkeit drängt, die uns bei unserer Interpretation stören, obwohl sie womöglich entscheidend sind. Das Recht, vor Gericht alternative Fakten vorzubringen, spielt nicht nur dort eine Rolle, wo Zeugen oder Gutachter aufgefordert werden, ihre Aussage noch einmal zu überprüfen, indem alle den Gedanken zulassen, dass es vielleicht auch ganz anders gewesen sein könnte. Es geht vor allem um die Möglichkeit, in Alternativen zu plädieren, also die Verteidigung mehrgleisig anzulegen. Richard Haynes, einer der berühmtesten Strafverteidiger der Vereinigten Staaten, fand dazu vor beinahe vierzig Jahren das unvergessliche Beispiel: Wenn jemand ihn mit der Behauptung verklagen wollte, von seinem Hund gebissen worden zu sein, dann würde er erstens anführen, dass sein Hund gar nicht beißt, zweitens erklären, dass der Hund sicher angeleint war, drittens daran zweifeln, dass überhaupt irgendwer gebissen worden ist, und viertens, so fügte Haynes amüsiert hinzu, habe er überhaupt keinen Hund. Was wie eine filmreife Unverschämtheit klingt, beruht auf der Erfahrung, dass es tatsächlich sehr unterschiedliche Sachverhalte geben kann, die sich untereinander widersprechen, aber trotzdem zu ein und demselben Ergebnis führen. Die Forderung, alternative Fakten im Verfahren zu berücksichtigen, wenn Unklarheit über die Tatsachen besteht, erweitert die Rechtsregel *in dubio pro reo*, im Zweifel für den Angeklagten zu urteilen, um die Selbstverpflichtung aller Beteiligten, bereits bei den vorhandenen Indizien sämtliche Erklärungen zu berücksichtigen. Dahinter verbirgt sich weder eine Theorie möglicher Welten, noch handelt es sich um einen Freibrief für das planmäßige Vermischen von Dichtung und Wahrheit oder gar die Erlaubnis, Beweise zu ignorieren und mal diese, mal jene Wahrheit zu erfinden, also einfach zu lügen. Es geht vielmehr um die größtmögliche Annäherung an die Wirklichkeit, auch wenn anderes einfacher wäre und besser zu unseren Vorurteilen passte.

Die Verwechslung der Suche nach alternativen Fakten mit einer Rechtfertigung des Lügens ist darum nicht so sehr der hilflose Versuch, nach Recht aussehen zu lassen, was damit nichts zu tun hat, sondern karikiert vor allem etwas, das als Fortschritt in der humanistischen Rechtspraxis gilt.

Wer etwas lächerlich machen will, das man vor allem zu destabilisieren, also dadurch als weltfremd und gefährlich darzustellen wünscht, dass man es selber missbraucht, dem gelingt das durch Lügen ganz ausgezeichnet. Es funktioniert aber nur dann, wenn das Lügen auf seine eigene Durchschaubarkeit zielt, der Lügner es also weder auf Wahrhaftigkeit abgesehen hat noch darauf, dass ihm irgendwer glaubt. Wer lügt, um dabei erwischt zu werden, und dann als Erklärung etwas anführt, auf das eine Gemeinschaft zurecht stolz sein kann, prangert die Naivität dieser Gemeinschaft an, indem er ihr den Feind und die Waffe in einer Person vor Augen führt. Mit Spam einen Server lahmzulegen oder unter Missbrauch der Meinungsfreiheit durch Verleumdung die Schwäche einer liberalen Gesellschaft nachweisen zu wollen, das sind Aktionen nach dem gleichen Muster. Auch Menschen, die theatralisch bedauern, leider keine Gutmenschen mehr sein zu können, weil die Welt ja ach so schlecht sei, spekulieren auf denselben Effekt. Die Botschaft ist nicht der dann zufällig gescheiterte Versuch zu lügen, sondern der Lärm, den man damit machen kann: «Seht Ihr, so schwach seid Ihr gegen den, der weiß, wie es geht.» Mag auch die Geschichte lächerlich sein, viel erschütternder wirkt dabei, dass wir plötzlich an einer Institution zu zweifeln beginnen, um deren Schutz wir doch besorgt sein sollten. Offenkundiges Lügen in dieser Absicht zerstört Vertrauen, aber nicht etwa das in den Lügner, sondern das in den Sinn der Aufrichtigkeit selbst. Die Vorführung des Lügens ist also nicht weniger als ein Angriff auf die Koordinaten, die unsere Urteilskraft braucht, um sich zu orientieren. Nichts ist besser geeignet, Menschen das Vertrauen darauf zu nehmen, dass es so etwas wie Verlässlichkeit überhaupt gibt. Deshalb wäre es in hohem Maße leichtsinnig, vorschnell über einen Lügner zu lachen, nur weil er es dem ersten Augenschein nach gar zu toll treibt.

Wer sich hingegen um geschicktes Lügen bemüht, weil sein Ziel die Lüge ist, möchte nicht lautstark stören, sondern leise Fakten schaffen. Er möchte nicht irritieren und erschüttern, sondern unentdeckt lenken. Mit anderen Worten: Ein Lügner muss die Mitteilung so gestalten, dass sein Gegenüber genau das versteht, was er mitteilen möchte, und außerdem die Weise kontrollieren, in der sie verstanden wird, wenn die Vermittlung des Falschen möglich werden soll. Dass zur Mitteilung und ihrer Wirkung immer auch die Erscheinung des Menschen gehört, der etwas mitteilen will, hat oft genug zur Vorstellung verleitet, dass nur derjenige überzeugend lügen kann, dem es gelingt, andere auch für sich einzunehmen. Es ist richtig beobachtet, dass Menschen die Mitteilung eines anderen umso ernster nehmen, je sicherer sie in ihrer Meinung über ihr Gegenüber sind. Aber daraus folgt nicht notwendig, dass diese Meinung positiv ausfällt. Ob die Antwort auf die Frage, wie mich jemand einschätzt, einen günstigen Einfluss auf meine Möglichkeit hat, ihn erfolgreich zu belügen, beruht nicht auf dem Inhalt dieser Antwort, sondern auf ihrer Eindeutigkeit. Es ist nicht wichtig, ob mich ein anderer für ehrlich oder verlogen hält, solange er nur in seiner Bestimmung sicher ist. Was wir brauchen, um zu rechnen, das ist ein möglichst klarer Wert. Das Vorzeichen hingegen ist nur für die Rechenoperation wichtig, aber nicht für die Formel. Nicht nur Adolf Eichmann brachte es zu den erstaunlichsten Lügen über die deutsche Geschichte, indem er genau dann nichts als die Wahrheit sagte, wenn er sich sicher war, dass man jede seiner Aussagen für eine Lüge halten würde. Der offensive Einsatz wahrheitsgemäßer Absichtserklärungen, die so extrem waren, dass sich diese Ehrlichen darauf verlassen konnten, damit nicht ernst genommen zu werden, gehört von Anfang an zum Nationalsozialismus. Es ist natürlich kein Zufall, dass unter den Emigranten die Ersten waren, die diese Methode durchschauten. Nur wer wenigstens ahnte, dass Hitler nicht log, wenn er mit «Arisierung» drohte, erkannte damit auch die ganz reale Gefahr. Für viele Intellektuelle wurde die Lüge und insbesondere diese Art zu lügen zu einem Lebensthema. Wer nach Frankreich floh, fand sich wie Hannah Arendt in den Pariser Hegel-Vorlesungen von Alexandre Koyré wieder, der sofort erkannte, dass man Adolf Hitler zuhören und vor allem gemeinsam lesen musste. Der russische Jude, vierzehn Jahre älter als die junge Philosophin, hatte von 1908 an in Göttingen nicht nur Philosophie, sondern auch Mathematik studiert, also die Wissenschaft, für die das Rechnen mit negativen Zahlen zum Handwerkszeug gehört. Koyré, der außerdem bei Edmund Husserl gehört hat, und Arendt, die ihr Studium beim Husserl-Schüler Martin Heidegger begonnen hatte, blieben ihr Leben lang befreundet. Wer wissen möchte, was man schon in den ersten Jahren des Nazi-Regimes trotz aller Lügen verstehen konnte, muss zumindest diese beiden Denker lesen. Koyrés Abhandlung über die Lüge erschien 1943 in Frankreich unter dem Titel *Réflexions sur le mensonge* und 1945 in einer englischen und etwas geänderten Fassung als *The political function of the modern lie* in den Vereinigten Staaten. Für ihn gab es keine Frage, dass jeder Staat, in dem totalitäre Regierungen am Werk sind, auf der Grundlage eines bewussten Austausches von Wahrheit und Lüge agiert. Nur darum, so argumentiert Koyré, habe Hitler tatsächlich seine Pläne von Anfang an offen aussprechen können: «Es ist richtig, daß Hitler (ebenso wie die Chefs anderer totalitärer Staaten) öffentlich sein ganzes Aktionsprogramm angekündigt hat. Aber er tat es gerade, weil er wußte, daß ihm die ‹anderen› nicht glauben würden, daß seine Erklärungen von den Nichteingeweihten nicht ernstgenommen würden; gerade indem er ihnen die Wahrheit sagte, war er sicher, seine Gegner zu täuschen und einzuschläfern.» Hannah Arendt, die nie verwunden hat, wie viele Juden genau darum auch ihre frühen Warnungen für bloßen Alarmismus hielten, antwortet dem Freund 1951 in ihrem großen Buch *Elemente und Ursprünge totaler Herrschaft* mit der Erklärung dafür, warum Hitlers Deutsche ihrerseits kein Problem hatten, den, der sie da führen sollte, ganz wörtlich zu nehmen: Es war «das aktive Ressentiment der Massen gegen die gegebene Welt, das sie bereitmachte zu glauben, daß das Unmögliche möglich, das Unglaubwürdige wahr und alles, was in der Welt geschieht, aus einem einzigen Punkt zu erklären sei». Bewusst so zu sprechen, dass man von den einen beim Wort genommen und von den anderen falsch verstanden wird, ist möglich, wenn beide Adressaten einer Rede eine ganz unterschiedliche, aber genauso klare Erwartungshaltung dazu haben, wer da zu ihnen spricht. Es ist aber vor allem der Beweis, dass der, der unser Denken beeinflussen will, indem er uns belügt, dafür weder auf eine Unwahrheit noch auf unsere Sympathie angewiesen ist.

Nachdem uns bewusst geworden ist, dass wir das Opfer eines Lügners wurden, gefällt uns die Vorstellung, in die Fänge eines phantastischen Hypnotiseurs und wahren Magiers geraten zu sein, dem jeder verfallen wäre, weil er uns ganz unter seiner Kontrolle hatte. Aber natürlich ahnen wir, dass es solche Meister nur in Märchen gibt, weil sich das Lügen offensichtlich von einer Droge unterscheidet. Noch nicht einmal ein absolutistischer Herrscher kann den Erfolg seines Lügens erzwingen; die Tatsache, dass wir Angst vor ihm haben, bedeutet nicht, dass wir ihm automatisch leichter glauben, im Gegenteil. Das Wissen darum, dass jemand sich über das Gesetz gestellt hat, lässt uns Willkür auch im Umgang mit der Wahrheit erwarten und noch in der Lüge nichts als den Loyalitätstest vermuten, auf den man, wenn einem das Leben lieb ist, mit Zustimmung reagiert, also ebenfalls mit einer Lüge. Mit anderen Worten: Die Lüge ist keine Gewalt.

Im Unterschied zu einer Fälschung, beispielsweise der eines Gemäldes oder eines Goldbarrens, ist die Lüge keine reale Simulation, die unsere Sinne unmittelbar reizen könnte. Man kann sie nicht anfassen, nicht auf dem Dachboden vergessen oder in einem Bergstollen tief unter der Erde verwahren. Weil ihre Wirkursache der Lügner, also ein Mensch ist und der Stoff, aus dem sie besteht, nur die Mitteilung sein kann, bleibt die Lüge auf das Miteinander angewiesen. Sie ist nicht nur sehr viel flüchtiger, um wirklich zu sein, braucht sie vor allem mehr als den Redner oder Zeichensetzer. Der Rechtswissenschaftler Walter Gustav Becker hat die Lüge darum 1948 die «publikative Simulation» genannt. Wer schon einmal die Buchattrappen in einem Möbelhaus gesehen hat, der kennt zumindest den Unterschied zwischen einer realen Simulation und einer Publikation genau. Die Attrappe eines Buches sieht aus wie ein Buch, aber wenn wir von einer Publikation sprechen, dann meinen wir etwas wesentlich anderes. Nur darum nennen wir schließlich auch ein E-Book immer noch ein Buch und nicht etwa die Fälschung eines Buchs, obwohl es im Unterschied zur Attrappe weder Deckel noch Bindung oder Papier zu bieten hat. Was und vor allem wo ein Buch tatsächlich ist, hängt nicht nur von dem einen Menschen ab, der es geschrieben hat, sondern ebenso von einem weiteren, der es liest. Wir haben es hier mit einer der vermutlich wichtigsten Unterscheidungen zu tun, deren Herleitung wir Hannah Arendt verdanken, nämlich dem Dualismus von Macht und Gewalt.

Hannah Arendt entwirrte dieses Begriffsknäuel in *On Violence* (1970), einem ihrer letzten Texte, der in der deutschen Ausgabe freundlicherweise gleich «Über Macht und Gewalt» heißt. Man kann vermuten, dass es ein Satz ihrer Freundin Mary McCarthy war, der Arendt darauf brachte, dass mit dem vielzitierten Mao-Satz «Die Macht kommt aus den Gewehrläufen» etwas nicht stimmen könnte. Mary McCarthy hatte nämlich gesagt: «Wenn jemand ein Gewehr auf Dich richtet und sagt, bring Deinen Freund um oder ich töte Dich, dann führt er Dich in Versuchung. Das ist alles.»

Ohne Frage kommt eine Kugel aus dem Lauf eines abgefeuerten Gewehrs, und diese Kugel kann einen Menschen töten, eine Vorstellung, die den meisten Menschen Angst macht. Aber Angst ist nicht der Tod. Es gibt einen Unterschied zwischen einem auf mich abgefeuerten Gewehr und einem Gewehr, das auf mich abgefeuert werden könnte. Genau diesen Unterschied muss man sprachlich abbilden, oder anders gesagt: Man darf ihn nicht mit Worten verdecken. Ein besonders eindrückliches Beispiel dafür, dass die üblichen Begriffe nicht ausreichen, sondern Zusammenhänge verschleiern, fand Hannah Arendt in den Schilderungen ihrer Kollegen über die Störung von Vorlesungen durch Studenten während der Studentenunruhen von achtundsechzig. Eigentlich sei ja die überwiegende Mehrheit der Studenten ganz friedlich und auch gar nicht mit den Protesten einverstanden, hörte sie immer wieder, aber gegen die gewalttätigen Aktionen Einzelner, Vorlesungen durch Geschrei und Trillerpfeifen zu stören, könne nun einmal niemand etwas ausrichten. «An einer deutschen Universität», notiert Hannah Arendt nicht ohne Amüsement, «soll kürzlich sogar *ein* einsamer ‹Protestierer› solch einen seltsamen Sieg über mehrere hundert Studenten für sich verbucht haben können. In Wirklichkeit liegen die Dinge in solchen Fällen erheblich ernster: Die Mehrheit weigert sich einfach, von ihrer Macht Gebrauch zu machen und die Störer zu überwältigen; der akademische Betrieb bricht zusammen, weil niemand bereit ist, für den status quo mehr zu tun als einen Finger hochzuheben.» Aber es ist nicht nur das Verzichten auf die eigene Macht, denn «das besagt, daß Universitäten sehr viel mehr Studenten gegen sich haben, als man gemeinhin glaubt, und daß die militante Minderheit ein größeres Machtpotential besitzt, als die in öffentlichen Abstimmungen ermittelte Zahl erwarten läßt. Die Mehrheit der bloßen Zuschauer, die den lautstarken Gefechten zwischen Student und Professor belustigt folgen, sind in Wirklichkeit schon die heimlichen Verbündeten der Minderheit. Man braucht sich nur vorzustellen, was geschehen wäre, wenn ein oder ein paar unbewaffnete Juden im Vor-Hitler-Deutschland versucht hätten, die Vorlesung eines antisemitischen Professors zu unterbrechen, und die Absurdität des Geredes von der ‹Handvoll› extremer Elemente springt in die Augen.»

Ich könnte Ihnen jetzt verschwörerisch zuraunen, dass Sie ein Buch in den Händen halten, dessen Inhalt höchst gefährlich ist, weil insbesondere philosophische Bücher grundsätzlich das Gefahrenpotential besitzen, Sie ungefragt in einen Dialog zu ziehen, statt nur bescheiden Früchte der Gelehrsamkeit darzureichen. Aber damit habe ich nicht auch schon die Macht über Sie, weil man Macht nicht dadurch erlangt, dass man sie verkündet. «Über Macht», heißt es bei Arendt, «verfügt niemals ein Einzelner; sie ist im Besitz einer Gruppe und bleibt nur solange existent, als die Gruppe zusammenhält. Wenn wir von jemandem sagen, er ‹habe die Macht›, heißt das in Wirklichkeit, daß er von einer bestimmten Anzahl von Menschen ermächtigt ist, in ihrem Namen zu handeln.» Oder noch genauer: «Macht entspricht der menschlichen Fähigkeit, nicht nur zu handeln oder etwas zu tun, sondern sich mit anderen zusammenzuschließen und im Einvernehmen mit ihnen zu handeln.» Was also aus einem Gewehrlauf kommt, ist Gewalt. Erst wenn alle die Angst vor dieser Gewalt als Grund für eine Änderung des Verhaltens akzeptieren und das dem Besitzer des Gewehrs auch vermitteln, wird aus dem Besitz eines Gewehrs auch Macht, aber nicht etwa, weil ein Mensch durch eine Waffe in der Hand Macht erlangte. Er bekommt sie, weil wir ihm die Macht angesichts des Gewehrs einräumen. Für Gewalt braucht es immer ein Gewaltmittel, für Macht ist es nötig, dass alle in diesem Mittel nicht nur eine Bedrohung, sondern auch ein Argument sehen. Man kann es auch anders formulieren: Gewalt ist monologisch, Macht hingegen ist ein dialogisches Prinzip. Darum sind beide nicht voneinander ableitbar, sondern Gegensätze, denn das eine ist ein Eingriff in die Welt, wo Gewalt Vernichtung anzurichten in der Lage ist; das andere, die Macht, ist eine Angelegenheit des Denkens, insbesondere des Vorstellungsvermögens, wo eine Wirkung erst vom Denkenden erzeugt werden muss. Natürlich kann eine Waffe mir die Denkfähigkeit rauben, indem mir jemand das Leben nimmt. Aber mich zur Anerkennung meines Denkens zwingen, das kann eine Waffe nicht. Und mich zum Andersdenken bringen, das kann sie erst recht nicht. Oder wie Hannah Arendt es formulierte: «Gewalt kann Macht vernichten; sie ist [aber] gänzlich außerstande, Macht zu erzeugen.»

Wenn wir jemanden belügen wollen und so sorgsam wir auch die Lüge planen, liegt es dennoch, auch wenn wir es gern so hätten, nie am Lügner allein, ob auch eine Lüge entsteht. Weil das Lügen im entscheidenden Moment eine Fiktion, also weltlos ist und außerdem auf das Denken des anderen gerichtet ist, hat es keinerlei zwingende Kraft. Gerade weil die Mitteilung des Lügners auf ein Nicht-Verstehen zielt, das dennoch für ein Verstehen gehalten werden soll, kann sich die Wirklichkeit der Lüge nur manifestieren, wenn ein anderer das Mitgeteilte nicht nur anhört oder anschaut oder nachdenkt oder gar nachlügt, sondern es als eigenes Denken aktualisiert. Man könnte auch sagen: Die Lüge ist ein Produkt, dessen Erwerb ein wesentlicher Teil in einem Mechanismus ist, der sie überhaupt erst hervorbringt. Die Lüge ist eben keine Interpretation der Welt, auch keine Meinung oder eine persönliche Perspektive. Sie ist allein in der Machtkonstitution wirklich, also dann und nur dann, wenn der Adressat des Lügens mit dem Lügner handelt und genau dadurch, unwissentlich oder nicht, Welt überhaupt erst herstellt.

Die Lüge ist keine Gewalt, sondern Macht, also immer eine Gemeinschaftsleistung von zumindest zwei Menschen, die beide die Freiheit haben, auch nicht miteinander zu kooperieren. Die Lüge kann nur im Dialog entstehen. Wer lügt, macht anderen ein Angebot, nämlich von ihm strategisch vorgedachte Schlüsse aus dem zu ziehen, was er uns mitteilt. Aber eine Lüge wird daraus erst durch den, der dieses Angebot auch annimmt und damit einer Fiktion Realität gibt. Erst durch dieses eigentümliche Zusammenspiel von Lügner und ihm zugewandten Publikum wird die Lüge ein Ereignis und damit auch ein Ding in der Welt, das weiteres Handeln bestimmt und als dieser Faktor in der Welt auch unabhängig vom Lügner Bestand und Dauer haben kann. Es ist ganz einfach: Würden die Menschen voneinander niemals die Wahrheit erwarten und würden wir uns nicht zutrauen, im Zweifel einen Lügner zu erkennen, dann gäbe es keine Lüge auf der Welt.

Der Gläubige

Das Fürwahrhalten ist eine Begebenheit in unserem Verstande, die auf objektiven Gründen beruhen mag, aber auch subjektive Ursachen im Gemüte dessen, der da urteilt, erfordert.
Immanuel Kant, deutscher Philosoph, *Vom Meinen, Wissen und Glauben* (1781)

Die Vorstellung, dass die Lüge nur durch den Dialog wirklich ist, befremdet uns. Reicht es nicht, dass man belogen worden ist? Soll das Opfer eines Lügners jetzt auch noch verantwortlich dafür sein, dass es Opfer wurde? Entschuldigt das nicht den Lügner, also den Täter? Sosehr sich diese Fragen auch aufdrängen mögen, ist hier doch nicht der Ort, sie zu stellen, denn sie haben in einer Untersuchung mit theoretischem Interesse nichts zu suchen. Verantwortung und Schuld gehören in eine Erörterung aus moralischem Interesse, aber nicht zur Suche nach der Antwort auf die Frage, was die Lüge ist. Wer alle notwendigen Bedingungen der Lüge beschreiben will, kann nicht einfach beschließen, eine davon lieber zu ignorieren. Selbstverständlich sind die menschliche Fähigkeit zu lügen und ein Mensch, der diese Fähigkeit realisieren will, zwei notwendige Bedingungen der Lüge. Aber diese beiden Ursachen sind noch nicht hinreichend. Es ist wie mit Schokoladenkuchen und Schokolade. Natürlich ist Schokolade eine notwendige Bedingung für den Kuchen, eine Hitzequelle wie ein Backofen ist es auch, aber mit beiden allein kann man noch kein Gebäck herstellen. (Wer dieses Beispiel unzumutbar findet, weil er sich für derlei niedere Tätigkeiten nicht zuständig fühlt, darf sich stattdessen gern fragen, ob weniger eingängige Beispiele eine notwendige oder eine hinreichende oder gar überhaupt keine Bedingung für die Vermittlung komplizierter Sachverhalte sind.)

Die Lüge ist anders beschaffen als beispielsweise ein Mord. Wenn ein Mensch die menschliche Fähigkeit, einen anderen zu töten, anwenden will, reicht es, einfach nur zur falschen Zeit am falschen Ort zu sein, damit wir das Opfer eines Mordes werden. Aber die Fähigkeit zu lügen und ein Mensch, der sich das Lügen vorgenommen hat, allein machen weder eine Lüge noch einen Belogenen.

Das, was der Lügner nicht zustande bringen kann, beginnt schon mit unserer Entscheidung darüber, ob wir dem Lügner überhaupt mit einem Wahrheitsinteresse zuhören wollen oder nicht, also ob uns ein Wahrhaftigkeitsversprechen überhaupt nicht interessiert. Dass ein solches Desinteresse gar nicht ungewöhnlich ist, muss man vielleicht erklären, denn das gehört zu den Erscheinungen, die wir schnell übersehen, weil wir nicht mit ihnen rechnen. Hauptberufliche Wahrheitssucher und Leser von philosophischen Büchern können sich naturgemäß nur schwer vorstellen, dass man auch kein Interesse an der Wahrheit haben kann. Genau darum ist es für uns auch ein Problem, wenn wir erklären sollen, warum Menschen sich durch das eine Spiel mit der Wahrheit irritieren, ja sogar verstören lassen, durch ein anderes aber nicht. Wie ist es zum Beispiel möglich, so lautet eine hingebungsvoll diskutierte Frage, dass wir in ein Theater gehen oder einen Roman lesen, in dem die Welt nach ganz anderen Regeln funktioniert, und uns dennoch nicht belogen fühlen, sondern verstehen, worum es geht, ja, dass wir sogar Freude daran haben? Warum können wir uns schon nach kurzer Zeit in Zauberwelten wie denen von Harry Potter, Vampiren und Mister Spock auskennen? Der italienische Philosoph Umberto Eco verwies gern auf eine Idee von Samuel Taylor Coleridge, einem englischen Dichter des 19. Jahrhunderts: Liegt es vielleicht daran, dass der Mensch in der Lage ist, für Momente bewusst die eigene Ungläubigkeit auszuschalten? Und wäre es dann vielleicht diese «willing suspension of disbelief», die es uns erlaubt, das Fiktive als eine Art Urlaub vom Ernst des allgegenwärtigen Zweifels zu genießen?

So faszinierend diese Erklärung auch ist, hat sie doch vermutlich mehr mit einer gewissen Unaufrichtigkeit oder, freundlicher gesagt, Betriebsblindheit von Geistesarbeitern zu tun. Tatsächlich ist das menschliche Wahrheitsinteresse nämlich erstaunlich begrenzt und zwar auch bei denen, die sich ihm verschrieben haben. Vermutlich interessiert uns im alltäglichen Leben sogar nichts so wenig wie die Wahrheit. Wie oft am Tag fragen Sie wirklich, ob etwas wahr oder gelogen ist? Meist hören wir einem Menschen aus ganz anderen Interessen zu. Nachbarschaftliche Gesprächsrituale, Flurgespräche und Smalltalk anderer Art dienen wesentlich der gegenseitigen Versicherung, dass alles gut ist. Fragen nach dem Befinden, der Frau, den Kindern und dem Hund werden nur selten gestellt, weil einen die Antwort, geschweige denn ihr Wahrheitsgehalt interessiert, wie jeder weiß, der sein Leben nicht nur mit eng Vertrauten verbringt. Wir surfen aus reiner Neugierde oder schierer Langeweile genauso selbstverständlich durch das Internet wie wir einen Roman zur Hand nehmen können, ganz ohne Interesse für das, was der Autor sich nun ausgedacht hat und was nicht. Wenn man nicht gerade Literaturwissenschaftler oder ein Journalist mit einer guten Nase für eine Schlagzeile ist, lässt sich ein Buch auch mit Gewinn lesen, ohne dass man weiß, wer es geschrieben hat. Niemand verlangt im Theater sein Geld zurück, weil der Mann auf der Bühne sich zwar Hamlet nennt, aber eindeutig nicht Hamlet ist, weil wir uns auch sonst nur selten fragen, ob Menschen Theater spielen und warum sie so oder anders auftreten. Sogar wenn wir uns dem Inbegriff des Wahrheitsgetreuen zuwenden, also beispielsweise eine Zeitung lesen oder die Hauptnachrichtensendung anschalten, ist es keineswegs immer das Wahrheitsinteresse, das uns antreibt. Haben Sie wirklich noch nie einfach deshalb die Zeitung gelesen, weil Sie früh am Morgen noch nicht gestört werden wollten? Oder schon nach den Nachrichten aus aller Welt zu lesen aufgehört, weil die so schön weit weg von uns sind? Wer auf einer langen Zugfahrt ist oder abends nach einem anstrengenden Tag in der Hotelbar noch etwas entspannen muss, kann überaus dankbar für einen Lügner sein, wenn der es denn versteht, seinen leicht durchschaubaren Unsinn unterhaltsamer als das Fernsehprogramm vorzutragen. Ob er lügt oder die Wahrheit sagt, ist uns egal. Der Unterschied zwischen Wahrheit und Lüge muss uns auch gar nicht kümmern, weil Menschen einen sehr viel pragmatischeren Wahrheitsbegriff haben, als es unsere pathetische Beschwörung des Guten, des Wahren und des Schönen nahelegt.

Als wahr gilt den Menschen das, auf dessen Grundlage sie bereit sind zu handeln. Daher wissen wir auch, wann wir auf Wahrheit angewiesen sind, ob sie uns nun gefällt oder nicht. Wer handeln will, sich also auch für eine Handlung und gegen ihre Alternativen entscheiden muss, erlebt es als nützlich, auf Wissen zurückgreifen zu können, das vornehmlich ein Wissen über die Handlungsoptionen ist. Natürlich kann sich der erwachsene Mensch mit Zeit und Geduld sehr viel Wissen aneignen, aber wir kennen auch die Möglichkeit, unser Wissen exponentiell zu erweitern, wenn wir uns mit anderen Menschen austauschen. Die Frage, ob wir das, was uns der andere anbietet, auch tatsächlich für wahr halten, läuft auf die Entscheidung darüber hinaus, ob wir es für eine Information halten, etwas also, das wir beim Erwägen unserer Handlungsmöglichkeiten berücksichtigen oder nicht. Wir wenden uns also unserem eigenen Denken ebenso wie einem anderen vor allem aus zweckrationalen Gründen mit einem Wahrheitsinteresse zu. Anders gesagt: Wir fragen nach der Wahrheit, wenn es uns nützlich oder sogar notwendig erscheint.

Menschen unterscheiden ständig zwischen Informationen, die ihren Handlungsraum betreffen, und all dem, was man zwar auch wissen kann, aber nicht unbedingt wissen muss. Im ersten Fall müssen wir Irrtümer, Fehlschlüsse und Falschinformationen vermeiden, im zweiten erscheint uns die Frage nach der Wahrheit nicht existenziell oder doch zumindest nicht dringlich. Als Rudolph Zacharias Becker 1781 auf die Preisfrage der Königlichen Akademie antwortete, *Kann irgend eine Art von Täuschung dem Volke zuträglich sein?*, erläuterte er, dass es einen wesentlichen Unterschied zu beachten gebe, nämlich den zwischen theoretischen und praktischen Irrtümern: Wenn wir uns in einer Sache irren, die ganz außerhalb unseres Handlungsraumes liegt, also beispielsweise in der Frage, warum ein amerikanischer Präsident gerade mal wieder welchen Mitarbeiter entlässt oder ob im Berliner Zoo ein Eisbär geboren worden ist, dann handelt es sich nur theoretisch um einen Irrtum. Wenn unser Irrtum aber den Teil der Welt betrifft, in dem wir handeln müssen, also wenn wir beispielsweise Zucker mit Salz verwechseln, dann wird dieser Irrtum unmittelbar praktisch, weil wir uns garantiert den Kaffee versalzen. Weil wir wissen, dass wir praktische Irrtümer auf jeden Fall vermeiden müssen, ist es uns auch ein Anliegen, dass wir nicht unvorsichtigerweise einem Lügner zuhören, wenn es sich um Informationen handelt, die für uns handlungsrelevant sind. Wer mir gern erzählen möchte, dass in Basel gerade schönstes Wetter herrscht, kann mir erzählen, was immer er möchte. Wenn ich aber gerade plane, in Hamburg das Haus zu verlassen, und nach der Wetterlage frage, dann möchte ich verlässlich wissen, ob ich einen Schirm mitnehmen sollte oder nicht. Da Informationen, die unser konkretes Handlungsfeld betreffen, nur einen Bruchteil all der Informationen ausmachen, die Menschen miteinander austauschen können, ist auch unser notwendiges Wahrheitsinteresse nur auf einen sehr kleinen Teil der Mitteilungen begrenzt. Darum vermag auch der beste Lügner gar nichts, wenn uns vollkommen gleichgültig sein kann, ob er einer ist oder nicht.

Aber auch dann, wenn wir einem anderen Menschen mit einem Wahrheitsinteresse begegnen, der tatsächlich ein Lügner ist, reicht das immer noch nicht hin. Zu den Bedingungen dafür, dass das Lügen eines anderen für uns handlungsrelevant werden kann, gehört notwendig ein Urteil über uns selbst. Es braucht unsere Selbsteinschätzung, im Zweifel erkennen zu können, ob der, dem wir uns zuwenden, eine Informationsquelle ist oder nicht. Wir nennen das, was wir hier einschätzen, die Glaubwürdigkeit. Glaubwürdigkeit (oder einkalkulierte Unglaubwürdigkeit) ist im Unterschied zur Glaubhaftigkeit kein Urteil über die Mitteilung, sondern über die Person, die uns etwas mitteilt. Weil dieses Urteil eine Bedingung der Möglichkeit dafür ist, tatsächlich im konkreten Fall belügbar zu sein, erliegt derjenige, der einem Lügner glaubt, auch nicht einfach einem Irrtum, so wie man schon mal versehentlich das falsche Buch aus dem Regal zieht. Wenn uns ein Mensch begegnet, dann wissen wir, dass es sich nicht einfach um ein Stück Welt wie jedes andere handelt, sondern um ein Wesen, das wie wir frei darin ist, seine Erscheinung so zu verändern, dass er Einfluss darauf nimmt, wieweit wir ihn überhaupt erkennen können. Die Erfahrung, dass Menschen fähig sind, einander zu belügen, bringt auch die Erkenntnis, dass dieses besondere Stück der Welt nicht nur Gegenstand eines Irrtums sein kann, der uns unterläuft, sondern auch dessen Ursache. Sich in einem Menschen zu irren, das ist etwas wesentlich anderes, als ihn aus Versehen mit einem anderen zu verwechseln.

Glaubhaftigkeit (oder im Falle des instrumentalisierten Zweifels auch das Unglaubhafte) gehört zu den objektiven Ursachen der Lüge, also zu dem, was der Lügner in der Gestaltung seiner Mitteilung kontrollieren kann. Über unseren Eindruck von der Person aber kann der Lügner nicht verfügen oder ihn gar erzwingen. Zwar kann ein Lügner versuchen, einen vertrauenswürdigen Eindruck zu erwecken, und dieser Eindruck lässt sich auch steigern, wenn sich beispielsweise weitere Menschen finden, die mitlügen, also mit dem Eindruck ihrer eigenen Person den des Lügners ergänzen. Außerdem lässt sich diese Bedingung für das Zustandekommen einer Lüge einkalkulieren, indem man noch ein ungünstiges Urteil über die eigene Person zu seinem Vorteil zu nutzen versucht. So weit voraus zu denken, ist zweifellos sehr klug, aber es gibt keine Garantie, dass es funktioniert. Letztlich entscheidet nur jeder Zuhörer oder Betrachter für sich, wie er sein Gegenüber einschätzt und wie er in der Folge alles einordnet, was dieser ihm mitteilt. Auch dieses

Urteil über die Glaubwürdigkeit gehört also zu den subjektiven, aber notwendigen Ursachen einer Lüge, die allein beim Adressaten des Lügens liegen.

Nur in den wenigsten Fällen gleicht der Lügner einem Dieb, der uns die Wahrheit stiehlt, weil wir die Wahrheit eben nicht so haben, wie wir einen Apfel haben, den man uns hinterrücks wegnehmen kann. Dennoch gibt es Bereiche, in denen die Informationen so wichtig sind, dass unser Wahrheitsinteresse unvergleichlich größer ist. Deshalb versuchen Menschen seit je, für diese Bereiche abgesicherte Wahrheitsräume zu schaffen, weil das Wissen, das hier entstehen und verbreitet werden soll, von größtmöglicher Handlungsrelevanz für alle Menschen ist. Die Wissenschaft ist ein solcher Bereich. Fachkunde hängt sowohl in ihrer Entwicklung als auch ihrer Anwendung von der Aufrichtigkeit der Fachkundigen ab, nicht zuletzt, weil diejenigen, die Fachleute konsultieren, sich in einem Zustand befinden, der dem der kindlichen Unmündigkeit sehr nahe kommt. Wer einen Arzt aufsucht, kann das nur sinnvoll tun, wenn er voraussetzt, dass der Arzt ihm auch mitteilt, was er weiß, und dass dieses Wissen nicht etwa eine Sammlung von bloßen karriereförderlichen Irrtümern ist, sondern auf Forschung, also systematischer und verabredeter Aufrichtigkeit beruht. Zu den Wahrheitsräumen, die eine Gesellschaft üblicherweise als unverzichtbar ansieht, gehört auch das Rechtssystem, von dem wir erwarten, dass es uns zumindest deutlich macht, was wir sanktionsfrei tun dürfen und was nicht. Weil sich außerdem die kritische Öffentlichkeit als Korrektiv staatlicher Institutionen bewährt hat, zählen aufgeklärte Staaten auch das Arbeitsfeld von Journalisten zu einem der Bereiche, in denen die Verpflichtung zur Wahrhaftigkeit von konstitutiver Bedeutung ist. Da in diesen Wahrheitsräumen selbstverständlich ebenfalls Menschen arbeiten, von denen wir wissen, dass auch sie lügen können, sollen Institutionen garantieren, dass niemand unser Unvermögen missbraucht, immer alles selber zu überprüfen und zu erforschen. In einem Rechtsstaat gelten Menschen im klaren Abhängigkeitsverhältnis deshalb als Schutzbefohlene, deren Hilflosigkeit auszunutzen strafbar ist. Aber auch hier ist es der einzelne Mensch, der jeweils entscheidet, ob er sich in ein Abhängigkeitsverhältnis begibt oder nicht. Es bleibt uns unbenommen, einem anderen Menschen grundsätzlich nichts zu glauben, was wir nicht selber überprüfen können.

Es ist die radikale Freiheit des Menschen, die bedingt, dass nichts für uns wahr ist, das wir nicht auch für wahr halten wollen. Die Bedeutung dieser subjektiven Ursache der Lüge geht weit über ein bloßes Zulassen hinaus.

In jedem Machtverhältnis ist die Abhängigkeit wechselseitig, was schlicht bedeutet, dass das Miteinander, das hier wirklich wird, nicht einseitig aufgekündigt werden kann. Das gilt in einer besonderen Weise für die Lüge. Wenn sich Menschen in der Absicht verständigen, gemeinsam zu wahrhaftigem Wissen zu gelangen, dann ist es der Weltbezug, der alle Beteiligten auf dieselbe Weise bindet. Wenn zwei Menschen einfach nur herausfinden wollen, welche Pflanzen am Straßenrand wachsen, dann steht es jedem frei, sich diese Pflanzen selber anzusehen. Miteinander nach Wahrheit zu suchen bedeutet, das Denken gleichermaßen an einem Dritten zu messen, das so auch von jedem weiteren Mitforscher nachverfolgt werden kann. Das, was uns hier bindet, ist der gemeinsame Bezug auf die Welt. Es ist die Vielzahl der Perspektiven und unsere Verständigung darüber, was wir jeweils erkennen können, die ermöglichen, dass wir uns alle leichter in der Welt, so wie sie ist, orientieren.

In der Lüge allerdings ist nicht nur der Belogene an den Lügner gebunden, weil er für welthaft hält, was nur ein vom Lügner Erzeugtes ist. Mit dem Erfolg des Lügens wird die Lüge vielmehr auch für den Lügner wirklich. Er kettet sich damit nicht nur an denjenigen, der ihm glaubt. Weil die Lüge immer schon eine Veränderung der Welt ist, hat außerdem auch der Lügner in der Welt zu leben, die er mit schuf, wenn er nicht bekennen will, gelogen zu haben. Wer behauptet, er habe seinen Wagen gerade eben in die Werkstatt geben müssen, nur um lästige Besorgungen nicht erledigen zu müssen, der muss, wenn er nicht auffliegen will, auch den Weg zur Arbeit mit der Bahn zurücklegen. Zum Verhängnis wird die Lüge, die man initiierte, aber dann, wenn der Gläubige von vornherein gar keiner ist oder den Lügner irgendwann durchschaut. Ein Lügner, der nur glaubt, erfolgreich gelogen zu haben, kommt aus dem Machtverhältnis nicht mehr heraus, wenn ihn niemand rauslässt.

Immanuel Kant nutzte diese Macht über Lügner für eine Methode, den Fortschritt in der Verfassung einer Gesellschaft auch gegen die Intention eines Machthabers durchzusetzen. Dafür reicht die Neigung der Menschen, sich als vernünftiger darzustellen, als sie es sind. Denn was ist geschickter, wenn ein Herrscher so unvorsichtig ist, sich als lupenreinen Aufklärer zu präsentieren? Ihn Detail für Detail der Lüge zu überführen? Oder ihn einfach beim Wort zu nehmen? Kant entschied sich für Letzteres. In einer Debatte über die Zensur versichert der große Verfechter der Aufrichtigkeit seinem Fürsten mit offensichtlich hinterlistiger Freude, dass ein Herrscher, der so aufgeklärt und so fortschrittlich ist, dass er immer nur das Beste für sein Volk wolle, von der allgemeinen Pressefreiheit doch überhaupt gar nichts zu befürchten habe. Wer so unvorsichtig ist, sich als Diener des

Volkes zu bezeichnen oder diese Schmeichelei doch zulässt, obwohl ihm eine solche Rolle persönlich gar nicht gefällt, bringt sich in die größtmöglichen Schwierigkeiten, wenn jeder die Provokation überhört, niemand mehr mit ihm streitet und ihn stattdessen plötzlich alle beim Wort nehmen. Das Letzte, was ein Lügner möchte, ist schließlich, recht zu haben. Wenn die Worte stimmen, dann liegt es aber an uns, den Zuhörern, ob wir lieber beleidigt die Eitelkeit eines Lügners kränken wollen, indem wir ihn bloßstellen, oder ob wir die Macht des Zuhörens ausspielen, jemanden nicht wieder aus seiner Unwahrheit zu entlassen, also den angemaßten Fortschritt als Realität vorauszusetzen und genau dadurch herbeizuzwingen.

Es ist aber nicht nur möglich, den Lügner auf die Lüge zu verpflichten, sobald man vorgibt, dass an seiner Wahrhaftigkeit gar nicht zu zweifeln sei, und ihm außerdem die Korrektur durch ein Lügenbekenntnis verweigert. Es ist ebenso möglich, einen Menschen, der einfach nur irrtümlich eine Unwahrheit verbreitet hat, zum Lügner und sich zu seinem Opfer zu erklären, obwohl überhaupt niemand gelogen hat. Was sehr konstruiert klingt, ist tatsächlich eine weit verbreitete, aber nicht leicht zu erkennende Praxis.

Nehmen wir einmal an, ich wäre ein Student der Philosophie und Sie wären mein Lehrer. Ich suche Sie in Ihrem Büro auf und frage Sie, wo ich das Buch finden könne, das ich doch für mein Referat am nächsten Tag benutzen soll. Sie nennen mir die Bibliothek als Standort, weil Sie vorgeschrieben zerstreut sind und vergessen haben, dass Sie dieses rare Buch selber entliehen haben. Obwohl ich genau sehe, dass es auf Ihrem Schreibtisch liegt, bedanke ich mich artig, genieße den freien Abend – und mache Ihnen am nächsten Tag eine fürchterliche Szene, weil Sie mich so hinterhältig belogen und damit wissentlich mein Referat ruiniert haben, was ja nur daran liegen könne, dass Sie Frauen in Ihrem Unterricht systematisch diskriminieren.

Nach demselben Verfahren funktioniert eine besonders effektvolle unlautere Strategie der politischen, manchmal sogar wissenschaftlichen Auseinandersetzung. Man könnte sie den Trick des taktischen Zitierens nennen: Wer eine sehr steile These in den Raum stellen möchte, weil sie zum Skandal samt nützlicher Aufmerksamkeit taugt und alle Chancen zur großen Eskalation bietet, kann vorsorglich einen Notausgang einbauen. Um es am Ende nicht gewesen zu sein, reicht es schon, sich einen anderen auszusuchen, der dasselbe, und sei es sogar irrtümlich, gesagt hat. Es kann auch schon genügen, die kritischen Wörter einfach nur ohne Quellenangabe in Anführungsstriche zu setzen. Und schon lässt sich zur Not behaupten, ja selbst nur das allzu vertrauensselige Opfer, wenigstens eines fremden Irrtums, vermutlich aber einer böswilligen Fehlinformation gewesen zu sein. Es war ja nicht ich, der es gesagt hat. Es war nur ein Zitat. Diese Möglichkeit, Lügen zu verbreiten, ohne dass ein Lügner so einfach zu benennen wäre, ist sehr viel älter als Internet-Kurzmitteilungen. Deutschen Zeitgeschichtsforschern ist diese Taktik zum Beispiel aus dem Streit so mancher Historiker unheimlich vertraut.

Was es uns so schwermacht, in diesen Manövern den Lügner überhaupt noch zu erkennen, ist ein unvollständiger Begriff der Lüge. Nur wenn man ihre dialogische Struktur erkennt, kann man auch noch in Fällen wie diesen klar beschreiben, wie die Lüge zustande gekommen ist, mit der wir ja ganz offensichtlich konfrontiert sind. Die reale Wirkung, also die weltverändernde Kraft, entsteht darum so unvermutet, weil ihr nicht weniger zugrunde liegt als das Wissen darum, wie man sich vorsorglich einen Lügner fälscht, also einen Sündenbock auf Abruf konstruiert. Die Lüge, die so wirklich wird, ist lediglich an einem anderen Ort, nämlich nicht zwischen dem gefälschten Lügner und dem angeblich Belogenen, sondern zwischen dem, der den Vorteil einer Lüge erkennt, und uns, die wir bereit sind, in ihm ein Opfer zu sehen.

Ein Mensch, der uns dazu bringt, die Wirklichkeit nicht mehr zu sehen und stattdessen das für die Welt zu halten, was sie doch nicht ist, kommt tatsächlich ohne unser Mittun nicht aus. Verführung ist eben nicht die wahre Gewalt. Sie ist ein Angebot, nur für uns eine Welt zu schaffen, die uns aus Gründen, die sehr verschieden sein können, besser gefällt als die Welt, die wir mit allen anderen gemeinsam haben.

Die Lüge ist ein Dialog

Achtzehn zu werden wäre eine viel größere Sache,
wenn es nicht möglich wäre, im Internet
Lügen über dein Alter zu erzählen.
New-Nostalgic-User, Internetnutzer,
Showerthought (2017)

Manchmal machen wir die Erfahrung, dass wir einer Lüge nicht nur kurze Zeit Realität verschaffen, also nicht nur vorübergehend in ihr handeln. Eine Lüge kann vielmehr einen Lebensabschnitt prägen und sogar so wichtig für einen Menschen werden, dass es zumindest so scheint, als ob sie das Wesen seines ganzes Lebens wäre. Da so ein Eindruck immer ein Rückblick ist, müssen wir mit einem solchen Urteil besonders vorsichtig sein, weil es sich um teleologisches Denken handelt, also diese besondere menschliche Fähigkeit, alles konsequent vom Ende her zu betrachten, als wäre es das Einzige, das von Anfang an gezählt hat. Charles Sanders Peirce, der größte amerikanische Philosoph, verglich diesen Fehlschluss einmal mit der Vorstellung, dass sich ein Mensch eine ganze Symphonie nur anhört, weil ihn das Finale interessiere. Menschliches Leben, das wissen wir alle, hat nicht diese Konsequenz. Wenn es etwas gibt, das wir besonders gern tun, dann ist es, uns zu verzetteln, weil der Mensch ein Wesen mit vielen Interessen und außerdem ein Dasein in der Zeit ist, also auch Wege abbrechen, mittendrin umkehren oder ganz andere Wege gehen kann. Schon die Vorstellung, dass nur ein einziges Ideal unser ganzes Leben leitet, ist allenfalls eine schöne Illusion. Wie sollte da ausgerechnet eine Lüge mächtiger sein?

Seit etwas über einhundert Jahren kennen wir das Wort Lebenslüge und verbinden damit die Sorge, dass eine Lüge sich so verselbständigen könnte, dass sie das Leben eines Lügners wesentlich prägt. Diese Vorstellung ist eng mit einer anderen Befürchtung verknüpft, dass es nämlich möglich wäre, dass ein Mensch sogar an seine eigene Lüge glaubt. Insbesondere dann, wenn wir es mit jemandem zu tun haben, der besonders erfolgreich lügt, stellt irgendwer über kurz oder lang die Frage, ob die Überzeugungskraft dieses Lügners wirklich auf einen bewussten Akt, also eine Handlung, zurückzuführen sei. Der Gedanke, dass beispielsweise die Deutschen keine Lüge aussprechen könnten, ohne sie sofort selber zu glauben, findet sich bei so vielen Autoren, dass es nicht nur unfair, sondern auch schlicht falsch wäre, erst Theodor W. Adorno für seinen Entdecker zu halten. Zu schön passt diese Vorstellung zum Bild des etwas tumben deutschen Michel, der es mit dem differenzierten Denken nicht so hat, weil bei ihm jeder Gedanke dem Hammerschlag gleicht, der umgehend die Geschichte, zumindest aber das Eisen neu formt, weshalb es von jeher klüger war, hart wie Stahl zu werden. Wenn insbesondere jene von dieser Vorstellung begeistert sind, die man fragt, wie es ihnen möglich war, sich freudig an der Verwüstung mindestens eines Kontinents zu beteiligen, sollte uns das natürlich misstrauisch sein lassen. Das gilt, wann immer jemand behauptet, er sei einfach so lange mit offensichtlichem Unfug mitgelaufen, bis er irgendwann einfach selber an das geglaubt habe, was er doch nur halbherzig mitsang.

Wenn die Lüge notwendig den anderen voraussetzt, ganz egal, ob es dann der Lügner oder der Gläubige ist, weil ihr Wesen der Dialog ist, dann folgt daraus natürlich, dass es genau das zumindest im strengen Sinne nicht geben kann: einen Menschen, der sich selbst, also absichtlich belügt.

Die Entdeckung, dass es nicht nur unfreiwilliges, sondern auch gewähltes Nicht-Wissen gibt, war der Beginn der Philosophie, die sich nicht nur als Befriedigung persönlicher Neugierde (gegen die nichts spricht!), sondern als Aufklärung versteht. Natürlich gibt es immer die Hoffnung, dass zumindest das Wissen, das dem Menschen überhaupt zugänglich ist, von jedem sofort mit Freuden erworben werden will. Wer davon ausgeht, dass Unwissen, erst recht ein Irrtum weder dem Einzelnen noch einer Gemeinschaft über den glücklichen Moment hinaus zuträglich ist, wird schnell bemerken, dass nicht jedes Wissen angenehm oder auch nur willkommen ist. Dafür braucht es auch nicht die Beispiele gewaltiger Weltgeschichte, die Selbstbeobachtung reicht vollkommen. Auch wenn wir ein Lebewesen sind, das aufmerksam auf Veränderung reagiert, folgt daraus nicht, dass wir auch alles akzeptieren wollen, was wir lernen. Menschen müssen sich zur Wahrheit rufen, wenn eine Erkenntnis, die wir haben, auch verlässlich zur Grundlage unseres Handelns werden soll.

Sich erfolgreich gegen Einsicht und die Annahme von Informationen zu wehren, ist allerdings nicht selbstverständlich für ein Wesen, dessen Gehirn nicht mit einer praktischen Löschfunktion ausgerüstet ist. Wenn uns etwas erst einmal als entscheidende Erkenntnis bewusst ist, lässt es sich jenseits der Pathologie nicht mehr ohne Weiteres verdrängen. Wer vom Lügen spricht, meint aber immer eine Mitteilung, die im klaren Bewusstsein, dass sie sich gerade nicht mit der eigenen Überzeugung deckt, gemacht wird. Der verlockende Gedanke, man könne sich auch selbst belügen, trifft also auf die einfache Schwierigkeit, dass man zwar jederzeit gegen eigene Überzeugungen handeln, aber nicht auch vergessen kann, dass man es tut, solange unser Denkapparat nicht einen Defekt aufweist, wir also nicht nach Belieben, sondern vieles auf einmal vergessen.

Die Möglichkeit, auch mit einer richtigen Erkenntnis so umzugehen, dass am Ende ein planmäßig falsches, also böses Denken daraus wird, gründet im menschlichen Selbstverhältnis, das bekanntlich ohne Mitteilung auskommt. Wir sprechen nur in der Literatur mit uns selbst, und der sogenannte innere Dialog ist eine Vorstellung, die wir uns bilden, weil wir den Dialog mit anderen Menschen erlebt und als so prägend erfahren haben, dass wir uns den anderen noch imaginieren, wenn wir allein sind. Isolationshaft führt, wie jeder weiß, der Stefan Zweigs *Schachnovelle* oder den Jahresbericht von Amnesty International zur Folter gelesen hat, zuverlässig zur Schizophrenie. Wer niemals einem anderen Menschen begegnet ist, weiß ebenso wenig, was Zeichen sind, wie derjenige sie wieder vergessen kann, der sie einmal verwendet hat. Aber nur, weil wir die Vorstellung, in einem Dialog zu sein, unwiderstehlich finden, ist das Denken noch lange kein Dialog.

Man sagt, dass die Vorstellung von Selbstbetrug und vor allem einer Lebenslüge erst entstehen konnte, als der Mensch erkannte, dass die Gesellschaft, in der er lebt, Zwänge mit sich bringt, die wir als gesellige Wesen zu integrieren versuchen, so dass sie wirken können wie ein zweites Ich. Es scheint uns darum auch ganz folgerichtig, dass erst ein Dichter des 19. Jahrhunderts, Henrik Ibsen, ausdrücklich von der Lebenslüge erzählte, und das selbstverständlich nicht in außermoralischer Absicht. Tatsächlich ist aber der Gedanke sehr viel älter. Das Nachdenken über den Vorteil von Nicht-

Wissen und Irrtum findet sich nicht zufällig immer dann, wenn sich der Geist einiger von der Religion befreit, aber die so Befreiten doch fürchten, dass dieser Zustand gefährlich werden könne, wenn alle Menschen das so sehen. Wer den Nutzen religiöser Irrtümer für die anderen auch nur erwägt, spricht selbstverständlich immer schon über die Möglichkeit, diese anderen auch in ihrem Irrtum zu belassen, sie sogar darin zu bestärken, kurz, sie in einer Lüge leben zu lassen, die man selbst glücklich überwunden hat. Empfehlungen an Herrscher, das Volk zu belügen, gehören seit je zum Handwerk freigeistiger Selbsterhaltung. Es gibt aber sogar Denker, die ausdrücklich vom Menschen forderten, ihr Leben bewusst auf eine Lüge zu stellen, nämlich so zu handeln, als wäre etwas ganz gewiss, von dem sie doch wissen, dass es das nicht ist. Das vielleicht berühmteste Beispiel ist die sogenannte Pascal'sche Wette: Wenn ich mir nicht sicher bin, ob es einen Gott gibt, so schlug Blaise Pascal vor, dann sollte ich die Angelegenheit doch einfach wie ein Wettspiel betrachten. Gibt es einen Gott, und ich glaube an ihn, dann wird alles in Ordnung sein. Gibt es aber einen, und ich glaube nicht an ihn, wird es zu meinem Schaden sein. Gibt es hingegen keinen Gott, und ich glaube dennoch an einen Gott, ist es ganz wirkungslos. Also sei es das Klügste, sich für einen Glauben an Gott zu entscheiden, denn so vermeidet man in jedem Fall den Schaden. Für den aufgeklärten Geist Blaise Pascal gab es den Glauben also auch als gewählte Lebenslüge aus Klugheitserwägungen. Jean-Jacques Rousseau fordert ebenfalls nicht weniger als den planmäßigen Selbstbetrug als Grundlage für das Gemeinschaftsleben. Da der Atheismus die gefährliche Überzeugung mit sich bringt, dass man sich im Leben auch ohne die Orientierung an einer höheren Macht zurechtfinden kann, gehörte für ihn die Verpflichtung auf eine Religion zu den unverhandelbaren Grundlagen einer Gesellschaft. Weil eine bürgerliche Religion also politisch überaus nützlich ist und vor allem Dinge wie den Eid und den militärischen Gehorsam sichert, hat jeder Bürger eines Staates die Notwendigkeit der Religion anzuerkennen, an sie also auch zu glauben, ob er nun religiös ist oder nicht. Natürlich haben weder Blaise Pascal noch Jean-Jacques Rousseau in ihren Überlegungen die Forderung nach einer Lüge als Grundlage für das Leben ausdrücklich formuliert. Dass sich ein Mensch aber zu einer bestimmten Konsequenz im Denken überreden kann, auch wenn er sich nicht überzeugen lässt, dass wir also handeln können, als ob auch wir eine Gewissheit hätten, die offenbar viele andere Menschen teilen, setzen beide voraus.

Immanuel Kant nutzte ein Wort der moralphilosophischen Tradition, wenn er von der «inneren Lüge» sprach. Er meinte damit die Bequemlichkeit, sich seines eigenen Verstandes nicht konsequent zu bedienen und die eigenen Prioritäten bewusst nicht zu klären, obwohl man längst weiß, dass der Mensch eine Pflicht zur Mündigkeit hat. Dass jemand einfach nur nicht wissen will, was er weiß, und dass wir in der Tat alle verschiedenste Techniken kennen, uns selber auszutricksen und uns mit schrecklichsten Folgen von dem ablenken können, was wir doch wissen, wenn wir nach eigener Überzeugung unklug handeln wollen, ist etwas wesentlich anderes als der Selbstbetrug, also eine vorsätzliche Lüge. Willentliche Blindheit ist der Versuch einer Negation. Es ist nicht die Vorstellung, dass ein Mensch erfolgreich lügt, also taktischen Gebrauch von dem macht, was er für wahr hält, und dann damit auch bei sich selbst Erfolg hat. Denn Erfolg würde bedeuten, bewusst das zu verändern, was noch zur Grundlage seines Handelns diente, als er log. Jeder, der sich einmal an einem Zauberkunststückchen versucht hat, weiß genau, dass man sich dabei zwar selbst ungemein beeindruckend finden kann, aber doch nur deshalb, weil es uns gelang, die anderen zu verblüffen, und nicht etwa, weil man den Trick vergessen hätte, den zuverlässig auszuführen nun einmal voraussetzt, dass man sich auf das konzentriert, was man da tut. Und auch der, der konsequent eine Begegnung vermeidet, weil er die Folgen nicht will, wird sich nicht so leicht einreden können, dass diese Begegnung doch stattgefunden habe. Dass wir im Nachdenken über dieses Problem nicht recht weitergekommen sind, hat selbstverständlich schon damit zu tun, dass Kants Überlegungen zur menschlichen Fähigkeit, sich durch unkritischen Denkgebrauch wieder zu vernebeln, was wir einmal klar gesehen haben, nie wirklich populär wurden. Die Selbstlüge ist ein Thema, das bereits Kants Zeitgenossen lieber vermieden haben. Es liegt aber auch daran, dass das damit zusammenhängende Problem wesentlich auf unserer Angewohnheit beruht, in der Lüge nur einen Mangel von Wahrheit zu sehen und nicht die Realität, die immer schon da ist, wenn Lüge da ist. Also denken wir die Selbstlüge noch einmal auf der Grundlage des Verständnisses der Lüge als das, was im Dialog wirklich wird.

Menschen können ihr eigenes Wissen dann bewusst nicht realisieren, wenn sie die Sinnenreize vermeiden, die dieses Wissen aktualisieren. Darin unterscheidet sich der bewusste Umgang mit dem eigenen Suchtverhalten nicht von dem mit unserer Erkenntnis: Wer einfach nicht in seinen Terminkalender schaut, kann dadurch vermeiden, genau zu wissen, ob er eine Verabredung hatte oder nicht. Wer genau weiß, dass ihm der Sinn für die Zeit verloren geht, wenn er im Internet unterwegs ist, kann auf diese Weise vermeiden, pünktlich zur Verabredung zu erscheinen. Diese bewusste Kontrolle der Reize ist von großem Vorteil. So kann man beispielsweise einer Drogensucht dadurch entgehen, dass man den Reizen aus dem Weg geht, die unseren Körper an die Droge und ihren Genuss erinnern. Umgekehrt können auch Autoren, die sich zur rechten Zeit möglichst detailreich vor Augen führen, wie unglücklich ein Verlag wäre, wenn das Manuskript nicht fertig würde, bewusst die Reize erzeugen, die – je nach der Natur des Schreibenden – eine direkte Wirkung auf die eigene Zuverlässigkeit haben. Der Selbstbetrug, der hier stattfindet, ist also die kluge Anwendung dessen, was man über sich selbst weiß, um das, was wir wahrnehmen, so zu manipulieren, dass es unserer Erfahrung gemäß ein bestimmtes Wissen aktualisiert oder eben nicht, weshalb wir diese Fähigkeit auch zu den Bedingungen der Selbstbeherrschung und Disziplin zählen, jedenfalls dann, wenn der Zweck, dem sie dient, ein in unseren Augen wünschenswerter ist.

Eine Lüge allerdings, also nicht das Unterdrücken oder Provozieren einer bestimmten Handlung, sondern das Austauschen der Grundlage, auf der wir zu handeln bereit sind, ist nicht ohne den Umweg über einen anderen Menschen möglich, der diesen Schritt zuerst tut und damit auch unsere Welt verändert, sofern es ein Mensch in unserem Handlungsraum ist. So wie das Lügen darauf zielt, Einfluss auf das zu nehmen, was ein anderer Mensch für wahr hält, weil wir uns davon auch ein bestimmtes Handeln erwarten, wirkt der Erfolg, also dass ein anderer wirklich auch so handelt, notwendig auf uns zurück, weil das Wirklichkeit schafft. Mit einem Menschen zu leben, der für wahr hält, was wir ihn für wahr halten lassen wollen, bedeutet immer auch für den Lügner, in einer Welt leben zu müssen, die nicht mehr die ist, die er selber mit dem eigenen Handeln schafft. Im 19. Jahrhundert illustrierte man sich dieses Dilemma gern an jungen Damen, die durch ein gelogenes Heiratsversprechen dergestalt handelten, dass die Konsequenzen auch den Schwindler nicht so weiterleben ließen, wie er es geplant hatte, als er log. Es ist eine Binsenweisheit, dass wir die Folgen unseres Handelns nicht sicher berechnen können, weshalb man von komplexen Wenn-Dann-Spielereien am besten die Finger lässt, wenn es um Wesentliches geht. Es ist aber auch eine Tatsache, dass erfolgreiches Lügen auch unsere Wirklichkeit notwendig so verändert, dass die Grundlage unseres eigenen Handelns, also auch unseres Lügens, nicht mehr vorhanden ist. Je näher uns die Wirklichkeit ist, die hier entsteht, desto weniger passen wir mit unserer Vorstellung, wer wir sind und warum wir überhaupt tun, was wir tun, noch hinein. Wer sich nicht retten kann, indem er die Szene schnellstmöglich verlässt und sich einen entfernten Teil der Welt sucht, muss sich notwendig als Fremder wahrnehmen, nämlich im Extremfall als der einzige, der weiß, dass alles, was wirklich ist, seine Ursache nicht in der Wirklichkeit hatte, sondern in einer Strategie und dem Willen eines Lügners. Je mehr wir uns bemühen, dieses Wissen um unsere Rolle zu verbergen, desto mehr drängen wir uns selbst, eine Welt herzustellen, die sich zwar perfekt anfühlen mag, aber umso weniger die ist, in der wir noch handeln können. «Die größte Verdunklungsgefahr für die Wirklichkeit», sagte Thomas Harlan einmal, der mit einer Lebenslüge sehr nah verwandt war, «ist unsere Zuneigung zu den Urhebern von Wirklichkeit.» Da wir auch eine Zuneigung zu uns selbst haben können, werden die Verhältnisse unvermeidlich kompliziert.

Die Lüge bedroht durch ihre Realität auch das, was

derjenige für wahr hält, der sie vorsätzlich schaffen wollte, weil er jemanden fand, der zur Wirklichkeit macht, was der Lügner für sich nicht erstrebt. Aber auch eine Welt, die uns fremd und wenig lieb ist, bleibt die Welt, in der wir handeln müssen. Sogar dann, wenn es unsere Traumwelt ist, die wir uns erfolgreich in die Wirklichkeit logen, bleibt unvermeidlich das Wissen um ihre Ursache. Menschen sind Wesen, für die nichts nur so ist, wie ihre Sinne es ihnen vermitteln, weil wir keinen Gegenstand denken können, ohne auch seine Bedingungen zu denken. «Was wird von Dichtern höher gepriesen, als der bezaubernd schöne Schlag der Nachtigall, in einsamen Gebüschen, an einem stillen Sommerabende, bei dem sanften Lichte des Mondes? Indessen hat man Beispiele, daß, wo kein solcher Sänger angetroffen wird, irgend ein lustiger Wirt seine zum Genuß der Landluft bei ihm eingekehrten Gäste dadurch zu ihrer größten Zufriedenheit hintergangen hatte, daß er einen mutwilligen Burschen, welcher diesen Schlag (mit Schilf oder Rohr im Munde) ganz der Natur ähnlich nachzumachen wußte, in einem Gebüsche verbarg. Sobald man aber inne wird, daß es Betrug sei, so wird niemand es lange aushalten, diesem vorher für so reizend gehaltenen Gesange zuzuhören.» Obwohl jeder Sinnenreiz unverändert ist und sich weder am Licht noch am Klang noch am Ort oder an der Gesellschaft etwas geändert hat, fühlt der Mensch anders, sobald er weiß, dass die Ursache ein anderer Mensch war, der die Absicht hatte, ihn zu täuschen. Was Immanuel Kant hier beschreibt, ist umso eindrücklicher, da der Philosoph die wenigen Ausflüge auf das Land, die er sich trotz seines körperlichen Zustandes überhaupt erlauben konnte, als Stunden in angenehmer Gesellschaft in besonderer Erinnerung hatte.

Wenn wir also von einer Lebenslüge sprechen, dann

meinen wir tatsächlich nicht nur eine Lüge, die ein Leben prägt, sondern auch ein Leben, das von der Lüge abhängig bleibt, weil sie seine Realität ist. Wird die Ursache, die diese Realität einmal erwirkte, für das Miteinander sichtbar, das mit der Lüge entstand, ist für Menschen nichts mehr so, wie es war, ganz unabhängig davon, ob uns gefallen hat, was wir eine Zeitlang für wahr hielten oder nicht. Wir sind letztlich eben nicht von Natur aus begabt genug, um ein Wissen zu vergessen, das für unser Handeln so entscheidend ist wie das von der Wahrheit.

Lüge als Wissen

«Welche der Geschichten, die Sie mir
erzählt haben, waren wirklich wahr
und welche waren gelogen?»
«Mein guter Doktor, sie sind alle wahr …»
«Auch die Lügen?»
«Ganz besonders die Lügen.»
Garak im Gespräch mit Dr. Julian Bashir,
Deep Space 9 (Sternzeit 2370)

Über die Lüge nachzudenken, also danach zu fragen, was sie ist, fällt uns nicht leicht. Das liegt nicht nur daran, dass wir es mit Philosophie zu tun haben, also mit dem zweiten Blick auf etwas, dem wir bereits begegnet sind und das wir schon lange verwenden, ohne dass wir genau wüssten, was wir da tun, oder auch nur darüber gestaunt hätten. Philosophie als das Denken über das Denken ist immer dieses Innehalten, die reflexive Frage aus der Distanz: Was ist das? Warum ist es überhaupt? Und wozu ist es gut? Diese Perspektive ist ungewohnt. Darin unterscheidet sich das Nachdenken über die Lüge nicht wesentlich vom Fragen nach der Vernunft und anderen Erkenntnisvermögen, ja, noch nicht einmal von der Frage, was überhaupt ein Gegenstand ist und was nicht. Unser Widerstand dagegen, mehr über die Lüge wissen zu wollen und das nicht nur gelegentlich zu sagen, hat aber nicht so sehr mit der Tatsache zu tun, dass es wahrlich einfachere Denkgegenstände gibt. Das, womit wir mehr als alles andere kämpfen, ist die Erinnerung daran, was eine Lüge für den ist, dem sie zerbricht: eine Niederlage.

Eine Lüge und das Leben in ihr kann uns noch so gut gefallen haben, die plötzliche Erkenntnis, dass es eine Lüge ist, nehmen wir immer persönlich. Es ist nicht dasselbe wie sich geirrt zu haben. Bei einem Irrtum können wir mit den Achseln zucken, denn wir irren uns ständig und kommen dabei doch nur selten auf so pathetische Gedanken wie den, dass nun garantiert unsere Welt zusammenbreche, weil jemand uns den Boden unter den Füßen weggezogen habe. Die Lüge betrifft uns anders. Jemand, den wir verstanden zu haben glaubten, hat uns angelogen, und schnell beschleicht uns die Ahnung, dass wir etwas damit zu tun haben könnten, dass wir vielleicht Beihilfe durch Selbstbetrug geleistet haben. Die Lüge ist kein Gegenstand, wie andere es sind, wenn wir eine ihrer Bedingungen waren. Wir sind nicht einfach irgendwo in der Welt versehentlich über sie gestolpert, sondern dass sie überhaupt ist, hat ganz eindeutig mit uns zu tun. Wir nehmen nicht nur dem Lügner etwas übel. Wir nehmen uns selbst etwas übel und wissen doch selten genau, warum das so ist. Sogar dann, wenn es die Lüge anderer Menschen ist, sind wir empört. Obwohl es uns gar nicht betrifft und wir auch nicht gefährdet sind, weil wir sofort durchschauen, was da vor sich geht, mögen wir es nicht mit ansehen. Aber wir können vermutlich leichter aussprechen, was uns bewegt: Wie kann jemand so dreist sein? Und wie kann ein anderer nur so leichtgläubig sein?

Es ist also kein Wunder, dass wir auf Rache sinnen, zumindest aber auf Erklärungen und gleich danach auf Schutz. Wir hätten gern einen Lügendetektor. Am liebsten wäre uns eine Apparatur, die rechtzeitig vor einem Lügner warnt, oder doch verlässliche Hinweise darauf, woran wir einen Lügner erkennen können. (Wären wir der Lügner, dann möchten wir unbedingt wissen, ob es das geben könnte, vor allem aber, wo dieses Radargerät steht und wo sein toter Winkel ist.) Was uns so verunsichert, ist der Verdacht, dass das, was wir eben erst durchschaut haben, womöglich nur die Spitze des Eisberges ist. Uns zermürbt die Frage, was denn noch alles gelogen war. Friedrich Dürrenmatt, der Schweizer Meister in der literarischen Zeichnung erschütternder Enttäuschung, formulierte diese Angst mit einem einzigen Satz. Ein Mann sieht nach vielen Jahren seine große Liebe wieder. Er ist damals mit ihr nicht gut umgegangen, hat lieber eine andere geheiratet, aber nun ist sie wieder da und zu Besuch. Man sitzt im Wald der alten Liebesspiele auf der Bank, es scheint alles wie früher, aber unser Treuloser mit dem guten Gedächtnis muss genau in dem Moment erkennen, dass aus dem Mädchen seines Herzens eine zornige alte, aber gefährlich reiche Dame geworden ist, die nur aus einem Grund zurückkam, nämlich um Rache zu nehmen. Er soll sterben und wird es auch. Aber das ist nicht halb so schlimm wie sein Erschrecken darüber, dass sogar die Hand, nach der er greift, sich als Imitat aus makellosem Elfenbein entpuppt: «Klara, ist denn überhaupt alles Prothese an Dir?»

Was gäben wir nicht für eine Interpretationsregel, den Verschlüsselungscode, am besten gleich zusammen mit einer Dechiffriermaschine, mit deren Hilfe wir die Lüge zumindest hinterher wieder in die Wahrheit umrechnen könnten. Vor allem sorgen wir uns um das Mittel, mit dessen Hilfe jemand gelogen hat und wir ihn so klar verstanden haben, weil er genau das wollte. Wer eine Lüge erkennt, dem wird auch das verdächtig: das Medium der Mitteilung, die Sprache, die Gesten, die Zeichen. Lag es an genau dem einen Medium, das wir leichtsinnig für wahrheitsfähig gehalten haben? Gibt es manipulationssichere Kanäle, die mehr sagen als tausend Worte, eine Geste oder ein Bild? Oder sind unsere Hoffnungen auf die Kommunikation schlicht zu groß, weil das, was wir dort einander geben, kein Geschenk und keine Liebesgabe ist, auch wenn *munus*, das lateinische Wort dafür, den Wortstamm bildet. *Com-muni-care*, zusammen etwas leisten, etwas einander geben – wer sagt, dass genau damit nicht immer schon die Lüge gemeint ist? Wie können wir noch hoffen, dass der Dialog ein Gewinn und immer gut ist? Aber auch wenn einem nicht mit einer Lüge gleich jedes Miteinander verdächtig wird, möchte man doch von der Lebenszeit, die man auf unechtem Grund verschwendet hat, jedes Körnchen Echtes retten. Weil wir in der Lüge ein Stück Welt verloren, vielleicht sogar preisgegeben haben, wollen wir zumindest etwas davon zurück. Die Binsenweisheit, dass die Wahrheit immer in der Mitte liegt, taugt schließlich nur dafür, sich traurige Menschen abwiegelnd vom Hals zu halten. Wenigstens ist sie nicht ganz so gefährlich wie der ebenfalls gern geäußerte Verdacht, dass am Ende schon irgendwas dran sein wird: denn sollte sich der Lügner wirklich alles ausgedacht haben?

Unser Wunsch nach dem Wahren in der Lüge wird unvermeidlich existenziell, wenn die Lüge Schaden angerichtet, also ein Verbrechen getarnt, damit vielleicht sogar den Raum dafür geschaffen hat. Leichtgläubigkeit ist ein ganz anderer Vorwurf, sobald er dem gilt, der mit dem Feind in der irrigen Hoffnung kollaborierte, so wenigstens das Schlimmste zu verhüten. Wer anderen und nicht zuletzt sich begreiflich machen möchte, warum er als Ohnmächtiger unwissentlich den Mördern half, obwohl er wusste, mit wem er sich einließ, hofft mit aller Kraft, es möchten sich Fakten finden, die dafür sprachen, und nicht nur unsere eitle

Einbildung, wir könnten die Lage und unsere Möglichkeiten richtig einschätzen. Ob wir nun einem Lügner zu sehr vertrauten oder aber unserer Fähigkeit, ihn zu durchschauen und dieses Wissen zu unserem Vorteil zu nutzen – geglaubt zu haben macht uns einsam, umso mehr, wenn uns genau das niemand glaubt.

Eine Lüge ist, wenn ein Mensch auf bestimmte Weise handelt, nur weil er sich sicher ist, in der Begegnung mit einem anderen etwas Entscheidendes erfahren zu haben, ohne zu erkennen, dass der andere zwar da, aber nicht gegenwärtig war, sondern die Strategie verfolgte, unmerklich genau diesen Fehlschluss nahezulegen, den der Belogene dann tatsächlich gezogen hat. Das, was wir für wahr hielten, also für das, was uns als tauglich gilt, Grundlage unseres Handelns zu sein, war nicht echt, weil jemand nicht wollte, dass wir die Wirklichkeit sehen, sondern uns in ihr verirren, und weil wir unserem Urteil über ihn mehr trauen wollten als unseren eigenen Sinnen.

Der Lügner und sein Gläubiger – beide sind in der Lüge, die genau darum immer schon mehr ist als ein Denken. Ebendas erklärt beides: unseren Wunsch, Lügen zu lesen, und unsere Scheu davor, weil wir doch fürchten müssen, dass auch die Lügen lesen, nämlich uns.

Lügen heißt, keine Zeichen setzen

Für Merkmale des Sprechverhaltens und für frei zu beobachtende Ausdruckserscheinungen (z. B. Mimik, Gestik) ist festzustellen, daß trotz umfangreicher Forschung ein diagnostisch verwertbarer Zusammenhang zur Glaubhaftigkeit einer Aussage nicht hinreichend gesichert ist.
Max Steller und Renate Volbert,
Wissenschaftliches Gutachten im Auftrag des Bundesgerichtshofs vom 25. Februar 1999 zur forensisch-aussagepsychologischen Begutachtung (Glaubwürdigkeitsbegutachtung).

Tatsächlich gibt es wenige, die sich professionell mit der Frage beschäftigen müssen, ob es Anzeichen gibt, an denen man Lügner und Lügen verlässlich erkennt. Das hat vor allem damit zu tun, dass Menschen nur selten dazu gezwungen sind, sich zu entscheiden, wie sie mit dem umgehen wollen, was jemand sagt. In den meisten Bereichen unseres Lebens kommen wir sehr gut damit zurecht, Mitteilungen einfach zur Kenntnis zu nehmen, ohne überhaupt die Frage zu stellen, was wir nun damit anfangen sollen. Es muss uns nicht irritieren, wenn ein anderer unsere Meinung nicht teilt, weil wir wissen, dass eine Meinung eine sehr vage Angelegenheit ist, für die wir meist noch nicht einmal unsere eigenen Gründe angeben können, geschweige denn, dass wir uns zutrauen, sie irgendjemandem zu erklären. Wenn es wichtig wird, also wenn wir handeln müssen, dann sind uns Meinungen nicht genug. Dann wollen wir Wissen oder zumindest gute Gründe, auf die hin wir etwas wagen können. Unser Anspruch, nicht überredet, sondern überzeugt zu werden, ist schließlich auch die Folge unseres Vermögens, klar zwischen Überredung und Überzeugung zu unterscheiden. Für uns wird die Frage, ob eine Mitteilung, die uns erreicht, nun wahr oder gelogen ist, überhaupt nur dann relevant, wenn wir zumindest erwägen, persönliche Konsequenzen aus dem zu ziehen, was wir da erfahren haben.

Darum sind die meisten sogenannten *Fake News* für uns auch streng genommen gar keine Nachrichten, sondern einfach nur kurioses Zeugs, das man genauso schnell vergessen hat, wie es sich anschauen lässt. Ob es nun Klatsch oder Tratsch, dreiköpfige Katzen oder Präsidenten in Badekleidung, absonderlichste Welterklärungen oder die neuesten Bilder von Außerirdischen sind – nur weil es unsere Aufmerksamkeit erregt, ist für uns die Frage, ob all das einen Wahrheitsgehalt hat, noch lange nicht relevant, geschweige denn, dass wir es als Nachrichten werten. Auch derjenige, der gern etwas von der Aufmerksamkeit hätte und darum die Geschichten und Bilder herumzeigt, kommt darum zurecht nicht auf die Idee, dass er sich hier an einer Lüge beteiligt. Jenseits der Wichtigtuerei wissen wir sehr gut, dass es hier in erster Linie um Unterhaltung geht und nicht um Information. Wer Informationen sucht, der weiß gewöhnlich, wo er sie findet, zumindest aber, woran man sie erkennt. Schon Immanuel Kant hat einen einfachen Test vorgeschlagen, um herauszufinden, was ein Mensch wirklich für eine Information hält und was er nur interessant findet: das Wetten um Geld. «Öfters spricht jemand seine Sätze mit so zuversichtlichem und unlenkbarem Trotze aus, daß er alle Besorgnis des Irrtums gänzlich abgelegt zu haben scheint. Eine Wette macht ihn stutzig. Bisweilen zeigt sich, daß er zwar Überredung genug, die auf einen Dukaten an Wert geschätzt werden kann, aber nicht zehn, besitze. Denn den ersten wagt er noch wohl, aber bei zehn wird er allererst inne, was er vorher nicht bemerkte, daß es nämlich doch wohl möglich sei, er habe sich geirrt. Wenn man sich in Gedanken vorstellt, man solle worauf das Glück des ganzen Lebens verwetten, so schwindet unser triumphierendes Urteil gar sehr, wir werden überaus schüchtern und entdecken so allererst, daß unser Glaube so weit nicht zulange.» Nicht auszudenken, wie viele seltsame Diskussionen über die Urteilskraft der modernen Menschheit man sich hätte ersparen können, wenn Kant diese Entdeckung nicht ganz hinten in seiner *Kritik der reinen Vernunft* versteckt hätte!

Auch wenn wir uns nicht überall gut genug auskennen, um zu überprüfen, ob etwas, das wir lesen, auch stimmt, wissen wir doch genau, dass bloßes Glauben nur dann völlig in Ordnung ist, wenn wir uns amüsieren wollen. Wer handeln will, fordert immer schon eine andere Grundlage und ist darum auch in der Lage, seinen Zweifel an der Richtigkeit einer Botschaft ernst zu nehmen und sich etwas Ordentliches zum Lesen zu suchen.

Ähnlich arbeitet übrigens auch die Wissenschaft, die zu einem wesentlichen Teil auf Aussagen von Menschen zurückgreifen muss, also die Geschichtswissenschaft. Dort versucht man, konsequent alle Quellen auszusondern, bei denen der Verdacht besteht, sie könnten nicht zuverlässig sein. Erkannte Lügen werden ebenso wie Fälschungen nur selten als Gewinn für die Forschung betrachtet. Das führt zu dem frustrierenden Ergebnis, dass wir zwar über eine große Anzahl historischer Zeugnisse verfügen, das meiste davon aber gewöhnlich gleich zur Seite legen müssen. Niemand möchte sich schließlich nachsagen lassen, dass er unsolide arbeite. Wer sich schon einmal mit der deutschen Geschichte des letzten Jahrhunderts beschäftigt hat, kennt den Seufzer: Was wäre allein der Nürnberger Prozess von 1945/46 gegen die Hauptkriegsverbrecher für ein Fundus, wenn wir auch all die Halb-, Viertel- und dreistesten Unwahrheiten als Quelle nutzen könnten! Nun ist es in der Geschichtswissenschaft allerdings kein Drama, wenn einem wirklich einmal eine Falschaussage unter die seriösen Quellen rutscht. Es ist zwar weder gut für den Ruf noch für die Karriere des Forschers, dem das passiert, aber Wissenschaft hat als rückblickendes Unternehmen Zeit, solche Fehler zu korrigieren.

Ganz anders ergeht es jenen, die keine Wahl haben, sondern sich auch noch dann ernsthaft mit einer Aussage auseinandersetzen müssen, wenn das Risiko, angelogen zu werden, unvermeidlich hoch ist. Ihr Beruf verlangt, dass sie dennoch eine Entscheidung fällen, die Konsequenzen für viele Menschen hat. Genau diese Situation besteht, wenn Recht gesprochen werden muss, also vor Gericht. Dort geht es oft genug darum, Sachverhalte zu rekonstruieren, die sich überhaupt nur rekonstruieren lassen, weil Menschen davon berichten. Weil das Rechtswesen seit je unter dem Druck der kurzfristigen Entscheidungsfindung steht, ist das auch der Bereich, in dem es die längste Tradition gibt, mit Methoden zu experimentieren, die es erleichtern könnten, sicher zwischen Wahrheit und Lüge zu unterscheiden.

Wer sich diesen Erfahrungen der juristischen Wahrheitsfindung zuwendet, darf dabei allerdings eines nie vergessen: Ausgehend von unserer Frage nach der Lüge gleicht die Gerichtssituation einem Laborversuch, also empirischen Testläufen unter ganz besonderen Bedingungen und mit einer sehr speziellen Fragestellung, deren Ergebnisse sich nicht verallgemeinern lassen. Wer vor Gericht oder auch nur im Rahmen einer polizeilichen Ermittlung eine Aussage gemacht hat, der kennt den Unterschied.

Niemand kann im Zweifel darüber sein, dass eine Vernehmung aus Interesse an der Wahrheit geführt wird. Alle Beteiligten wissen daher auch, dass alles, was man mitzuteilen hat, besonders aufmerksam geprüft wird und dass es unmittelbare Konsequenzen haben kann, wenn man dennoch lügt. Nach dem, was wir inzwischen über den Unterschied zwischen dem Lügen, dem Lügner und der Lüge wissen, lässt sich diese Ausnahmesituation auch genauer beschreiben: Die Anhörung einer gerichtsverwertbaren Aussage ist der Versuch, den Zusammenhang von Mitteilung und Fürwahrhalten jederzeit transparent zu halten und die Wirkung dessen, was wir für wahr halten, beobachtbar zu machen, indem man das Zustandekommen einer Überzeugung bestmöglich verlangsamt. Während wir die meisten Alltagsentscheidungen in Sekunden fällen und uns nur selten Rechenschaft darüber ablegen wollen, welche unserer Überzeugungen genau unsere Handlung bestimmt, geht es in einem Prozess um die Urteilsfindung vor aller Augen. Was wir von uns fordern, wenn wir Rechtsprechung im Sinne der Gerechtigkeit fordern, ist nicht nur das Sammeln der größtmöglichen Anzahl von Einzeldaten, sondern auch die nachvollziehbare Orientierung in diesen Daten ohne Spielraum für Eigeninteressen oder Manipulation. Wenn ein Richter Beweise würdigt, dann tut er das idealerweise so, dass seine Entscheidung nachvollziehbar und zustimmungsfähig ist. Es gibt weitere Instanzen, die man anrufen kann, um genau das zu überprüfen. Wer also in einem solchen Zusammenhang lügen will, steht ebenso sehr wie derjenige, der etwas glauben will, unter Beobachtung und dem Druck, im Zweifel auch Gedanke für Gedanke darlegen zu müssen, was er da tut. Aber wie jeder weiß, bietet noch nicht einmal dieses Verfahren eine Garantie dafür, dass wir den, der lügt, eindeutig erkennen.

Die Geschichte der Methoden, von einem Menschen die Wahrheit und nichts als die Wahrheit zu bekommen, ist nicht zufällig vor allem eine Geschichte des Scheiterns. Weder durch Schmerz noch durch Angst noch durch Strafandrohung oder gar Versprechen lässt sich Wahrheit erzwingen, denn Lügen ist ein Akt der Freiheit. Mit alldem erreicht man genau das Gegenteil: Unter der Folter versucht der Mensch nicht etwa, die Wahrheit zu sagen, sondern herauszufinden, was der Folterer für die Wahrheit hält, um ihm genau das zu sagen, was der dann auch als Wahrheit erkennt, damit der Schmerz aufhört. So wie bei Kindern, denen das Wohlwollen der anderen sehr viel wichtiger ist als das, was sie sagen, entsteht auch unter der Folter vor allem der ideale Raum für Suggestionen. Zum Maßstab für das eigene Reden wird allein das Denken des anderen. Mit anderen Worten versuchen Gefolterte also, so gut sie nur können zu lügen. Der Eid ist zwar ein hübscher Gedanke. Wer allerdings die Angst vor Gott und einem ewigen Gericht zu mobilisieren versucht, um einen Menschen durch einen Eid auf die Wahrheit einzuschwören, findet auch nur heraus, dass er in einem Zirkelschluss gelandet ist. Entweder ein Mensch glaubt an einen Gott, der ihn zur unbedingten Aufrichtigkeit verpflichtet, und wird darum auch ohne diese Formel die Wahrheit sagen. Oder ein Mensch glaubt, dass es die Lüge ohne göttliche Strafe gibt, ja vielleicht sogar, dass sich selbst ein Gott austricksen lässt. Dann allerdings wird ihn auch kein Schwur davon abhalten können. Und dass derjenige, der sich durch den Gedanken an Konsequenzen, seien es nun angenehme oder unangenehme, bestechen lässt, auch zum Lügen fähig ist, konnte auch niemandem auf Dauer entgehen. Das ist der Grund, weshalb Menschen früh auf die Hoffnung verfallen sind, dass es den größeren Erfolg verspricht, wenn man von vornherein Menschen in Lügner und Wahrhaftige einteilt. Denn wenn es uns gelingt, einen Lügner als Lügner zu erkennen, dann kann man der Lüge entgehen, indem man ihn eindeutig als denjenigen kennzeichnet, der überhaupt gar nicht erst angehört werden darf.

Der Gedanke, dass es Menschen gibt, die unser Vertrauen grundsätzlich verdienen oder eben nicht, ganz egal, was sie sagen oder tun, leuchtet unmittelbar ein und verspricht eine so sichere Orientierung, dass es nicht verwunderlich ist, wenn ihn heute noch viele reizvoll finden. Wir sprechen von Glaubwürdigkeit und stellen uns vor, dass es sich hier um ein Charaktermerkmal eines Menschen handelt, etwas also, das unveränderbar zu ihm gehört und das sich darum auch ganz einfach erkennen lassen müsste. Wer einmal in irgendeinem Zusammenhang beim Lügen erwischt wurde, dem unterstellt man doch, dass er auch in anderem Zusammenhang nicht bei der Wahrheit bleibt. Warum also sollten wir überhaupt jemandem die Würde zusprechen, ihn durch Zuhören ernst zu nehmen, wenn wir wissen, dass er schon einmal gelogen hat? Abgesehen von der heiklen Frage, wem wir das Recht einräumen wollen, Menschen in Lügner und Wahrhafte einzuteilen, trifft die Idee der Glaubwürdigkeit einer Person dabei auf eine theoretische und eine praktische Schwierigkeit. Zum einen hat jeder Mensch schon einmal gelogen oder zumindest davon profitiert, dass ein anderer es für ihn tat. Damit ist letzlich keiner mehr glaubwürdig, womit sich die Frage erhebt, was dieser Begriff dann noch benennen soll. Zum anderen aber, und das ist in juristischen

Fragen ganz entscheidend, haben wir im Rechtswesen nicht die Wahl, ob wir jemandem zuhören wollen oder nicht. Ein Angeklagter hat das Recht, sich zum Fall zu äußern und auch angehört, also angemessen gewürdigt zu werden. Stellvertretend für die Gesellschaft will das Gericht etwas vom Angeklagten und Zeugen erfahren; wir bitten ja nicht um Aussagen, weil es auch ohne sie ginge. Das deutsche Sprichwort nennt es beim Namen: «Wer einmal lügt, dem glaubt man nicht, und wenn er auch die Wahrheit spricht.» Wer die Wahrheit mehr braucht als alles andere, sucht nicht nach einer Methode, Personen zu klassifizieren, sondern muss alle finden, die etwas wissen, zumal es meist nur wenige gibt, die überhaupt etwas von dem Sachverhalt wissen können. Hier geht es um Informationen, die niemand besser wissen kann, denn für ein konkretes Ereignis gibt es nur wenige Experten, die dabei gewesen sind. Wenn es um die juristische Wahrheitsfindung geht, können wir es uns gar nicht leisten, jemanden von vornherein nicht anzuhören, nur weil Zweifel an seiner Glaubwürdigkeit bestehen.

Natürlich gibt es eine Geschicklichkeit, vielleicht sogar eine Kennerschaft im Lügen. So richtig es aber ist, dass sich jedes menschliche Können trainieren lässt, wenn man es gezielt übt, bleibt Lügen eine Möglichkeit, die wir erst in einer konkreten Situation realisieren oder eben nicht. Nur weil jemand geschickt Fahrrad fahren kann, bedeutet das ja auch nicht, dass er an keinem Fahrrad vorbeigehen könnte, ohne sofort aufzusteigen. Der Mensch ist ein Wesen, das lügen kann. Ein Lügner ist ein Mensch dann, wenn er lügt. Daraus aber, dass jemand lügt, auch darauf zu schließen, dass er nichts anderes kann, ist ein simpler Fehler im logischen Denken (von der Möglichkeit auf die Wirklichkeit zu schließen, ist nicht erlaubt) und ein Missverständnis hinsichtlich der Bedingungen dafür, dass es zu einer Lüge kommt. Auch wenn wir lieber eine einfachere Antwort hätten: Ausgenommen den äußerst seltenen Fall des pathologischen Lügners haben wir keinen Anlass, darauf zu hoffen, dass wir sicher vorhersagen können, wie und wann ein Mensch von seiner Freiheit Gebrauch macht, eine Fähigkeit zu nutzen, die er hat. Dennoch hat der Bundesgerichtshof tatsächlich erst 1999 verbindlich festgeschrieben, dass auf Glaubwürdigkeitsgutachten zu verzichten ist, weil uns die wissenschaftliche Grundlage für die Feststellung der Wahrheitsliebe einer Person schlicht fehlt. Das, worum es bei der Beweisaufnahme allein gehen darf, sind die Aussagen, die jeder sehen und hören kann, weshalb mögliche Gutachten sich folglich auch auf die Aussage und damit die Frage nach der Wahrhaftigkeit zu beschränken haben.

Inzwischen wissen Sie natürlich, warum sich auch die vielfältigen Versuche, die Wahrhaftigkeit einer Aussage sicher zu bestimmen, als äußerst mühsam herausgestellt haben. Es gibt unzählige Versuche, Zeichen aufzulisten, die ein sicheres Indiz dafür sein sollen, ob jemand in einem bestimmten Moment lügt oder sich um die Wahrheit bemüht. Das bekannteste dieser Indizien ist die Frage nach dem Blickkontakt. Dass ein Lügner einem nicht in die Augen schauen kann, stellte nicht nur alle schüchternen Menschen unter Generalverdacht, sondern ist auch längst widerlegt. Insbesondere Menschen, die versuchen, sich an etwas zu erinnern, wenden nämlich ihren Blick ab, um sich besser konzentrieren zu können, was Sie sofort selber ausprobieren können, indem Sie sich die Frage beantworten, was Sie gestern gegessen haben. Lügner hingegen können sich das Wegschauen nur selten leisten, weil man die eigene Wirkung auf den anderen kontrollieren muss, um im Zweifel besser zu lügen. Die interessanteste Frage ist dabei, warum wir erst so spät auf den Gedanken gekommen sind, dass sich auch Blicke steuern lassen, wenn man erst einmal weiß, worauf der Zuhörer achtet. Zu den erschreckendsten Erfahrungen meiner eigenen Forschung gehört die Anwendung einer Auflistung seinerzeit verbreiteter Wahrheitskennzeichen auf Adolf Eichmann: Er erfüllt sie alle, denn als erfahrener Verhörer hatte er schließlich gelernt, worauf man zu achten hat. Auch Hitlers Lieblingsminister Albert Speer generierte mit großem Talent auf Bedarf Zeichen der Wahrhaftigkeit. Im Rückblick und auf der Grundlage jahrzehntelanger Forschung wissen wir natürlich genau, dass diese Männer logen, und bilden uns darum gern ein, dass man es doch von Anfang an gar nicht hätte übersehen können. Wer allerdings versucht, sich ihre Aussagen anzuhören, ohne an die Hintergründe zu denken, kann selber erleben, wie schwer es auch uns noch fällt, einen Lügner zu erkennen, wenn der so gut weiß, was Menschen sich unter einem Lügner vorstellen.

Viele Erfahrungen wie diese haben auch in der Rechtspsychologie den Optimismus schwinden lassen, so dass das schlichte Abarbeiten einer Kennzeichenliste heute weitgehend als grob unwissenschaftlich gilt. Wahrheitskennzeichen können zwar, wenn man sie nicht willkürlich, sondern systematisch anwendet, oft eine Tendenz aufzeigen, aber als einzige Untersuchungsmethode sind sie viel zu unsicher. Vergleichbare Probleme gibt es mit dem Versuch, Wahrheit und Lüge durch den unterschiedlichen Grad an persönlichem Erleben zu unterscheiden. Während das bei Kindern noch verhältnismäßig gut funktionieren kann, weil eine konstruierte Geschichte viel anstrengender ist, als von dem zu erzählen, was man wirklich gefühlt hat, hängt es bei Erwachsenen ganz von der Erfahrung mit dem Erzählen und den schauspielerischen Fähigkeiten des Einzelnen ab, welchen Eindruck zu vermitteln er in der Lage ist. Aussagen erfolgen in einem Rechtsstaat nach Verabredung, es ist also Zeit, sie auch zu üben, und es ist jederzeit erlaubt, einen Rechtsbeistand mitzubringen. Jede Beschreibung von Zeichen der Lüge wird unweigerlich dazu führen, dass Menschen wissen, was sie vermeiden müssen, um nicht als Lügende erkannt zu werden. Wie sehr sich die Kenntnisse darüber allgemein vermehrt haben, zeigt der hohe Anspruch, den heute schon Kinder an eine spannende Geschichte stellen: Mit dem alten Schema vom Bösewicht, der den Guten das Leben schwermacht und sich schon in der ersten Szene eindeutig präsentiert, unterhält man heute niemanden mehr. Wir schätzen kompliziertere Geschichten als Miss Marple, weil wir aus Freude daran das Spiel mit Wahrheit und Lüge verfeinert haben. Unzählige Fernsehserien über die Arbeit von Polizei- und Spezialkräften führen uns außerdem allabendlich ein Repertoire an phantastischen und echten Verhörtechniken vor, die auch unsere Erwartung an erfolgreiches Lügen verändert haben. Als ich vor fünfzehn Jahren psychologische Tests einsehen musste, benötigte der Bibliothekar eine Sondergenehmigung für seine Unterlagen. Es hätte ja sein können, dass ich am nächsten Tag ein Verbrechen begehen würde und mich so vorbereiten könnte, nun eine entsprechende Untersuchung zu manipulieren. Heute ist vieles davon nicht nur fester Bestandteil spannender Abendunterhaltung, sondern auch problemlos im Internet zu finden. Die Psychologie der Aussage ist immer beides: Instrument zur Aufklärung für die einen und Werkzeug zur Verdunklung für die anderen. So wie Verlogenheit kein unveränderliches Merkmal einer Person ist, sind auch Wahrheitskennzeichen offensichtlich wandelbar. Zeichen der Wahrhaftigkeit und der

Lüge sind nun einmal vor allem eines: Zeichen, damit aber auch mögliche Mittel der Kommunikation, die ein Mensch auch willentlich und damit zu vielen Zwecken zeigen kann.

Rechtspsychologie dient dem pragmatischen Interesse, das ein Gericht an der Wahrheit hat. Was interessiert, ist schließlich nicht die Lüge. Es geht nur um gerichtsverwertbare Fakten. Deshalb wird genau das zum Vorteil, was uns ansonsten so viel Probleme bereitet, nämlich dass eine vollständig erfundene Geschichte ebenso wie die klare Unwahrheit ein Sonderfall des Lügens ist. Wer sich für nichts als die Wahrheit interessiert, muss nicht fragen, warum jemand lügt, indem er sein Wissen nutzt, solange er uns nur sagt, was er weiß. Die Konzentration darauf, Fakten sauber und nachvollziehbar von Schlussfolgerungen zu trennen, kann noch dann einen Ertrag bringen, wenn ein Lügner im Bemühen um Glaubhaftigkeit auch etwas von seinem Wissen preisgibt. Es ist aber auch dieses juristische Interesse an der fallbezogenen Wahrheitsfindung, das Erfahrungen in Verhör- und Vernehmungssituationen nur bedingt für andere Bereiche nutzbar macht, in denen wir mit einer ganz anderen Absicht nach der Erkennbarkeit von Wahrheit und Lüge fragen.

Auch in der Wissenschaft geht es um die Suche nach der Wahrheit, und doch ist der Unterschied zur juristischen Wahrheitsfindung offensichtlich. Auch wenn eine mündliche Prüfung wie eine Verhörsituation aussehen mag und sich für den Prüfling sicher manchmal auch so anfühlt, so sprechen Wissenschaftler doch immer gemeinsam über einen Gegenstand, also über etwas, mit dem sich jeder vertraut machen kann. Es ist die Sache, die es zu erkennen gilt und die damit gleichzeitig das unhintergehbare Korrektiv jeder Behauptung ist. Im Unterschied zu einem Zeugen, der erzählt, wie sich ein Verkehrsunfall aus seiner Perspektive zugetragen hat, ist Wissenschaft gerade kein individuelles Tatsachenwissen, sondern die Thematisierung von etwas, das für jeden dadurch nachvollziehbar ist, dass man die Forschungsergebnisse reproduzieren kann. Mit anderen Worten: Wissenschaft zeichnet sich dadurch aus, dass alle denselben Zugang zu den Fakten haben, ein Lügner also von denen umzingelt ist, die es im Zweifel besser wissen. Wer in der Wissenschaft erfolgreich täuschen will, kommt ohne das Schaffen von Fakten, also ohne Fälschungen nicht aus. Allein mit einer publikativen Simulation zu betrügen, also nur durch das, was man den anderen mitteilt, funktioniert nur dann, wenn Kollegen ihre Pflicht zur gegenseitigen Kontrolle vernachlässigen, einander nämlich gar nicht oder zumindest nicht aus Interesse am Wissen zuhören. Wer sich unbedingt einen akademischen Abschluss erschwindeln will, sollte wenigstens so klug sein, sich dazu ein möglichst ermüdendes Thema zu wählen und auch sonst keine Aufmerksamkeit auf sich lenken.

Ob in einem Gerichtsverfahren oder in der Wissenschaft, in beiden Fällen ist eindeutig festgelegt, warum und in welcher Form wir jemandem zuhören und welches Zeichensystem zur Mitteilung verwendet werden darf. Das Interesse aneinander ist auf eine vorher klar bestimmte Funktion begrenzt, und das von vornherein mit dem Ziel, Täuschung so weit wie möglich auszuschließen. Begegnungen in einem solchen Rahmen sind aber nicht nur funktional, sondern künstlich. Normalerweise begegnen wir einander anders.

Je komplexer das Interesse ist, das wir aneinander haben, und je freier wir uns dabei der unterschiedlichsten Medien bedienen können, desto leichter wird es auch, uns zu belügen. Zwar hoffen wir immer, dass das Risiko kleiner wird, wenn wir einen Menschen nur gut genug kennen, vergessen dabei aber gern, dass Nähe und Erfahrung auch für den einen Vorteil mit sich bringt, der uns manipulieren möchte. Der Versuch, das menschliche Miteinander jenseits kurzer Zweckallianzen zu versuchen, ist ohne dieses Risiko nicht zu haben. Natürlich ist es im privaten Leben eine Klugheitsregel, auf den persönlichen Kontakt mit einem Menschen zu verzichten, wenn wir die Erfahrung gemacht haben, dass dieser Mensch seine Geschicklichkeit zu lügen bevorzugt dazu verwendet, heimlich Einfluss auf unser Denken zu nehmen. Aber unsere Hoffnung, Lügen dadurch zu vermeiden, dass wir Lügnern vorsorglich aus dem Weg gehen, wäre doch die Entscheidung für ein sehr einsames Leben.

Etwas ganz anderes ist es, danach zu fragen, wie eine Lüge oder doch wenigstens ihre Attraktivität wieder aufgelöst werden kann, nachdem sie einmal in der Welt ist. Die naheliegende Idee, einfach die Umstände aufzuklären, die zur Lüge führten, ist nicht ohne eigene Schwierigkeit. Derjenige, der aus der Kenntnis von der Lüge spricht, ist nicht mehr derjenige, der eine der Bedingungen dafür war, dass sie ist. Hinterher will es jeder vorher gewusst, wenigstens aber geahnt haben. Zahllose Kleinigkeiten fallen uns ein, von denen wir jetzt sicher sind, dass sie uns hätten warnen können, auch wenn wir sie ganz offensichtlich übersehen haben, als entschieden werden musste, was zu denken und zu tun sei. Im Rückblick erscheint alles ganz zwingend logisch, auch wenn das Ergebnis dieser Logik zu einer anderen Welt geführt hätte als der, in der wir uns jetzt eindeutig befinden. Dass plötzlich überall Zeichen der Lüge erscheinen und dennoch alles einen Sinn ergibt, hat schlicht damit zu tun, dass wir die Wirklichkeit, also das, was ist, mit unserem Denken über das verwechseln, was vermutlich war. Gedanken haben für uns nicht dasselbe Gewicht wie die Fakten. Wer ausgehend von dem, was zweifelsfrei ist, in der Zeit zurückfragt nach dem, was er für möglich hielt, fragt schon mit einem verengten Blickwinkel. Dass sich Erinnerung auf diese Weise korrigiert, weil wir vor allem das sehen, was nicht in Konflikt mit unserer aktuellen Wirklichkeit kommen kann, liegt daran, dass wir uns bei Fragen nach dem Sinn und nach Ursache-Wirkungs-Ketten nahezu unvermeidlich in unserem komplexesten Denkvermögen verheddern: der Fähigkeit, Zwecke zu setzen und alles auf sie hin zu ordnen. Weil das griechische Wort für Zweck *télos* ist, nennt man es die teleologische Urteilskraft.

Zweckorientiert denken zu können, ist nicht nur die Voraussetzung dafür, mit Absicht zu handeln, also sich ein Ziel zu denken und unser Tun danach zu lenken. Es ist auch das Werkzeug, das uns in Anlässen, Ursachen, Gründen und Strukturen denken lässt. Wenn ein Mensch sagt, dass er verstehen will, dann meint er genau das: Wir wollen ja nicht nur wissen, wie und warum etwas wurde, was es ist. Wir wollen auch wissen, wohin es führt. Das, was wir Begreifen nennen, hat nur noch wenig mit dem Anfassen von Dingen zu tun. Menschen denken bereits im Zusammenhang, wenn es anscheinend darum geht, eine Kleinigkeit zu erkennen. Der amerikanische Philosoph Charles Sanders Peirce hat es 1905 so formuliert: «Überlege, welche Wirkungen, die denkbarerweise praktische Bedeutung haben können, Du dem Gegenstand Deines Begriffes zuschreibst. Dann ist Dein Begriff dieser Wirkungen der ganze Umfang Deines Begriffes des Gegenstands.» Das ist bereits eine komplizierte Angelegenheit, wenn der Gegenstand nur ein Steinchen am Strand ist. Wir sehen nicht einfach Dinge. Gegenstände der Welt fallen nicht einfach in unser Bewusstsein, sondern es ist unsere Art zu denken, die mit darüber entscheidet, was wir überhaupt sehen können. Auch unsere Wahrnehmung ist immer schon Orientierung, weil auch das Hören, Sehen und Fühlen das Suchen eines Wesens ist, das alles auf unterschiedliche Weise in den Blick nehmen kann. Wir wissen, dass es für uns die absolute Perspektive nicht gibt, dass also von einem anderen Standpunkt aus alles anders aussehen kann und manchmal auch besser zu sehen ist. Das ist der wesentliche Grund dafür, dass man uns belügen kann, und das ist auch der Grund dafür, dass eine Lüge mehr ist als das, was ein Lügner will oder sagt.

Unsere Sinneseindrücke verschwinden nicht, nur weil uns ein anderer Mensch etwas mitteilt. Wir meinen es darum auch nicht wörtlich, wenn wir sagen, dass uns ein Lügner oder gar die Liebe blind machen. Vielmehr erleben wir, dass etwas unsere Orientierung ändern kann. Wir sehen immer noch dieselben Dinge, erkennen auch ihre Bedeutung, aber das Gewicht, das wir ihnen geben, ist ein anderes. Darum kann man auch sagen, dass ein Lügner den Versuch unternimmt, unbemerkt die Koordinaten unserer Orientierung zu verändern. Wir sehen noch selber und wir denken noch selber, und doch nimmt jemand Einfluss auf den Zusammenhang, wenn wir dem, was er äußert, wiederum eine besondere Bedeutung geben. Es ist, als würde jemand die Richtungszeichen in einer Stadt umdrehen. Wir wissen, wozu ein Straßenschild da ist und wie man es nutzt, suchen und lesen es auch ganz sorgfältig, aber wir kommen nicht auf die Idee, dass jemand unser Suchen nach Orientierung ausnutzt. In dem Moment, in dem wir begreifen, dass wir am falschen Ort stehen, haben wir noch lange nicht verstanden, wie wir dort hingelangt sind. Schlimmer noch, wir werden uns so lange weiter verlaufen, bis wir erkannt haben, dass das, was für uns immer noch so aussieht wie ein Straßenschild, keines mehr ist, weil «Straßenschild» nicht der Name für ein mit Folie bezogenes Blech ist, das in der Gegend herumsteht, sondern für den Zweck, den es zu erfüllen hat. Wer über eine Lüge aufklären will, um davor zu warnen, wird also wenig Erfolg haben, wenn er nur über einen Mangel an Aufmerksamkeit und Wissen oder gar von gefährlichen Zeichen spricht, auf die wir nach wie vor angewiesen sind. Eine Lüge kann nur eine Lüge sein, weil sie die Antwort auf Fragen ist, die jemand so dringend beantwortet haben wollte, dass er dafür das Risiko in Kauf nahm, belogen zu werden.

Weil das so ist, kann man nicht nur über das Lügen und den Lügner nachdenken, wenn es um eine Methode geht, sie aufzuspüren oder Lügen zu verhindern. Wir können uns einer Lüge wie jedem anderen Gegenstand der Welt zuwenden, einfach aus Neugierde, etwas zu erfahren. Eine konkrete Lüge lesen bedeutet nicht, über ihr Zustandekommen zu spekulieren, sondern die Tatsache ernst zu nehmen, dass sie überhaupt ist. Die Faktizität einer Lüge allein ist immer auch der Zugang zu einem Wissen, das Menschen nur selten freiwillig miteinander teilen.

Wem wir glauben

... die falschen Gemälde sind fast immer signiert,
ja sogar daran kann man sie erkennen.
Nur die Papiere der ehrlichen Bürger
sind nicht in Ordnung.
Vladimir Jankélévitch, französischer Philosoph,
Von der Lüge (1942)

Wie groß der Einfluss anderer Menschen auf unsere Überzeugungen ist, ahnen wir mehr, als dass wir es genau anzugeben wüssten. Sogar dann, wenn wir Ähnlichkeiten im Denken und auch in unseren Entscheidungen mit denen ausmachen können, die uns persönlich wichtig waren, können wir nicht sicher sein, was hier gewirkt hat. Insbesondere derjenige, der neugierig nach Wissen über die Welt sucht und sich um vernünftige Entscheidungen bemüht, kann gar nicht wissen, ob ihn am Ende noch etwas anderes prägt als eben die Welt und die Vernunft. Weiß ich, ob mir Aristoteles, René Descartes und Immanuel Kant so wichtig hätten werden können, wenn mir nicht meine Lehrer wichtig gewesen wären, durch die ich von ihnen gehört habe? Warum wurden Karl Jaspers und Hannah Arendt auf ihre je eigene Weise genauso bedeutend für mich, obwohl keiner meiner Lehrer je von ihnen sprach? Wer eine Vorliebe für den Bildungsroman hat, mag natürlich die schönen Geschichten von der einflussreichen Begegnung, bei der man das erste Mal von einem gewissen Buche hörte, als wäre es ein großes Geheimnis, das es weiterzugeben galt. Aber wer ist sich wirklich sicher, ob einem da nicht die Erinnerung einen Streich spielt oder man einfach nur weiß, dass sich Banales nicht so gut erzählt? Was schon bei Fragen der biographischen Selbstbespiegelung ein Rätsel ist, scheint in der Betrachtung des Lebens anderer vollends unzugänglich.

Nur in einem einzigen Fall können wir einen sicheren Hinweis darauf finden, woher wir einen Gedanken tatsächlich haben, nämlich dann, wenn wir einem Menschen vertraut haben, der uns angelogen hat. Eine Lüge, von der wir wissen, ist immer auch die Antwort auf die Frage, wem jemand einmal glauben wollte.

Da die Lüge ihren Anfang im Lügner hat, lässt sich der Spur seiner Erfindung folgen. Heute ist es umso leichter, nämlich dann, wenn sich eine Lüge im Internet verbreitet. Wer sich die Mühe macht, kann auch schon ohne Zugriff auf große Datenbanken meist schnell die Quelle einer erlogenen Geschichte ausmachen, zumindest aber den Zeitpunkt, an dem sie im Internet öffentlich wurde. Das, was wie eine Kettenreaktion aussieht, die in die Breite streut, wird gern mit einem Virus verglichen, der Lebewesen befällt. Seit die Menschen im 19. Jahrhundert Viren und Bakterien zu beschreiben lernten, nutzen wir sie bevorzugt als Metapher für etwas, das uns Angst macht und auf das wir gleichzeitig mit Verachtung blicken. Die Geschichte lehrt uns, wohin solche Vergleiche führen können, wenn wir Menschen oder doch ein bestimmtes Verhalten damit meinen. Es dauert meist nicht lang, bis der Ruf nach Bekämpfen und Vernichten laut wird. Aber nicht nur deshalb ist die Angstvorstellung von der «viralen Verbreitung einer Lüge» irreführend. Ein Algorithmus nämlich kann keine Lüge hervorbringen, ja, sie noch nicht einmal verbreiten. Das Einzige, was ein Bot kann, ist das Vervielfältigen von Zeichen im Netz. Auch wenn ein Computer wie ein Mensch klingen kann, so kann er doch nicht, was aber notwendig ist, damit eine Lüge entsteht: Er kann nicht nach Orientierung fragen und erst recht nicht glauben. Wer nach der Verbreitung einer Lüge fragt, spricht von Verästelungen, mit denen Menschen gemeint sind. Auch wenn sich Verteilungsmuster immer in denselben Modellen denken lassen und so berechenbar werden, bleibt jede Schnittstelle die Entscheidung eines Menschen. So zu reden, als wäre unvermeidlich, was hier geschieht, ist eine unzulässige Vereinfachung, die uns vielleicht die Dringlichkeit einer Steuerung deutlich machen kann. Vor allem verdeckt eine solche Modellierung, was es gerade zu betonen gilt: Lügen verbreiten sich, weil Menschen sie verbreiten, so dass man, wenn man wirklich möchte, dass es besser wird, jeden Einzelnen fragen muss, warum er das tut.

Menschen sind überhaupt nur zu belügen, weil wir die Angewohnheit haben, ein Urteil über den Absender einer Mitteilung zu fällen. Tatsächlich hängt von diesem Urteil alles ab. Halten wir den Absender einer Mitteilung für vertrauenswürdig, erwarten wir auch etwas Wahrhaftiges. Beurteilen wir die Herkunft einer Nachricht als unglaubwürdig, erwarten wir eine Lüge. Wie groß die Folgen dieses Urteils sind, ist nur den wenigsten bewusst, denn sonst würden wir nicht so leichtsinnig darauf vertrauen, dass sich gezielte Desinformation allein durch die Mahnung verhindern ließe, dass ein mündiger Nutzer von Informationsmedien erst einmal herausfinden muss, woher eine Nachricht stammt, bevor er ihr vertraut.

Vor etwa 2500 Jahren erzählte Herodot eine Geschichte von dem schon damals sprichwörtlichen Orakel von Delphi. Dabei ist es für unser Thema schon nicht ohne Reiz, dass Herodot, der als erster Geschichtsschreiber der westlichen Kultur gilt, die Mahnung *ton eonta legein logon*, also *Sagen, was ist*, als sein Motto wählte, was man ja nur tut, wenn man der selbstbewussten Meinung ist, allein dadurch schon etwas Besonderes zu leisten. Die Geschichte jedenfalls lautet so: Im Jahr 546 befragte Krösus, der König von Lydien, das Orakel, weil er eine Entscheidungshilfe suchte. Natürlich ging es um Krieg, und der König wollte wissen, wie die Chancen stünden. Pythia, die Priesterin, die erfolgreich von sich behauptete, nur der Kanal der göttlichen Weisheit zu sein, sagte wie üblich nur einen Satz: «Wenn Krösus den Fluß Halyn überschreitet, wird er ein großes Reich zerstören.»

Sie lesen ein Buch über die Lüge, darum wissen Sie auch, was die Priesterin meinte. Jedenfalls sind Sie sich ganz sicher, es zu wissen, weil Sie natürlich davon ausgehen, dass einer in der Geschichte ein Lügner sein muss, und da nur eine überhaupt etwas gesagt hat – also außer Herodot, den Sie aber als den Geschichtsschreiber nicht verdächtigen –, kann die Pythia es nicht gut gemeint haben. Hier haben wir also beides: Den König, der mit der Erwartung zu Pythia ging, dass sie erstens nur eine Botin und ihre Botschaft zweitens gar nicht ihre, sondern nur die Mitteilung von jemandem sei, der genau weiß, was geschehen wird, und Sie, die Sie die Geschichte in der Erwartung lesen, dass es um eine Lüge geht.

Wer einfach nur den Orakelspruch liest, kann nicht anders als festzustellen, dass er doppeldeutig ist, genauso wie der Satz, dass der FC Bayern München, wenn er ins Volksparkstadion einzieht, eine große Niederlage erleben wird. Da Schlachten der Antike selten unentschieden ausgehen, konnte Pythia ganz sicher sein, am Ende in jedem Fall recht zu behalten, was im Orakelgeschäft immer eine gute Sache ist, aber doch nicht dem entspricht, was der zahlende Kunde erwartet. Und genau damit sind wir beim Urteil, das es überhaupt erst ermöglicht, belogen zu werden.

Krösus setzt voraus, dass es eine gute Idee sei, das Orakel zu befragen, das heißt, er erwartet natürlich eine eindeutige Vorhersage. Er erwartet außerdem, dass dieser Satz für ihn und aus seiner Perspektive beantwortet werden würde, was auch ganz natürlich ist, wenn es um eine Antwort auf Fragen geht, die jemand stellt. Wenn Sie mich fragen, ob Sie sich mein Buch «Böses Denken» kaufen sollten, und ich Ihnen antworte: «Wenn Sie das Buch kaufen, wird es ein Gewinn sein», denken Sie ja auch nicht als Erstes an den Gewinn des Buchhändlers, jedenfalls so lange nicht, bis Ihnen wieder einfällt, wie dieses Buch hier heißt – so wie Sie selbstverständlich wissen, dass Krösus sein eigenes Reich zerstörte und dass es gewöhnlich die Profis aus Bayern sind, die dem HSV die große Niederlage beibringen.

Das Erstaunliche ist, dass es gar nicht mehrdeutiger Sätze bedarf, um mit Hilfe unserer Erwartung belogen zu werden. Unser Urteil über die Glaubwürdigkeit eines Menschen allein setzt ein Vorzeichen vor jede Mitteilung, die aus dieser Quelle stammt. Wer einmal entschieden hat, dass eine Zeitung zur «Lügenpresse» gehört, womit natürlich eine Gruppe von Menschen gemeint ist, die uns belügen will, setzt vor jeden einzelnen Zeitungsartikel schon ein Negativzeichen, bevor er auch nur die Überschrift gelesen hat. Weil der Mensch aber mit positiven und negativen Zahlen rechnen kann, kann jemand, der lügen will, dieses Vorzeichen genauso in seine Rechnung einkalkulieren wie jedes andere auch. Es ist ein Spiel, das schon bei Kindern beliebt ist: Wenn ich jemanden anlüge und er mir glaubt, dann habe ich mein Ziel erreicht, es sei denn, er erinnert sich daran, dass ich schon einmal gelogen habe. Dann müsste ich trickreich die Wahrheit sagen, damit er mir die Wahrheit nicht glaubt. Aber wenn er damit rechnet, dass ich die Wahrheit nur sage, damit er sie für eine Lüge hält, dann müsste ich lügen, damit er es für eine Wahrheit hält ... Das Kind weiß etwas nicht, was auch Erwachsene gern vergessen, nämlich das, was in einer Rechnung als verlässliche Größe gilt, das Eindeutige. Auch wenn wir daran immer zuerst denken, weil der Zuruf «Lügner» zumeist als Beleidigung gilt und Beleidigungen auch juristische Konsequenzen haben können, ist die Frage, ob wir einen Menschen einen Lügner nennen dürfen oder nicht, in erster Linie nicht ein ethisches Problem. Weil es den taktischen Umgang mit der Wahrheit auch als lügenhaften Umgang mit dem Lügen gibt, macht uns unsere Entscheidung, jemanden einen Lügner zu nennen, vor allem genauso zuverlässig belügbar wie unser Urteil, dass jemand als vertrauenswürdig zu gelten hat. Wichtig ist, dass ein Wegweiser da ist, denn nur dann lässt er sich auch einfach umdrehen. Wer möchte, dass Menschen ihm etwas garantiert nicht glauben, lässt sich öffentlich einen Lügner schimpfen, sagt dann die Wahrheit und kann danach zusehen, wie selbst die tatkräftig dabei helfen, belogen zu werden, die sich für besonders kritisch halten.

Was wie ein klassisches Dilemma aussieht, aus dem es kein Entrinnen gibt, ist tatsächlich ganz einfach zu vermeiden. Auch wenn uns der Gedanke alles andere als nahe liegt, weil wir die Frage nach der Glaubwürdigkeit aus dem Leben unter Menschen so sehr gewohnt sind, reicht es völlig aus, sich genau diese Frage einmal nicht so schnell zu beantworten, um eine andere Perspektive zu gewinnen, die uns wach für das kritische Zuhören macht. Wer nach der Wahrheit sucht, also auch nach der Überzeugung, die sein Handeln bestimmen wird, tut gut daran, sich zu erinnern, dass es nur um eines geht: das Finden der eigenen Überzeugung und der Grundlage für das eigene Handeln.

Der Grund dafür, dass die Manipulation und das Taktieren mit dem Urteil, das Menschen übereinander fällen, das wichtigste Werkzeug eines Lügners ist, liegt darin, dass es sich hierbei um noch etwas ganz anderes handelt als nur eine Angelegenheit des menschlichen Miteinanders. Das, was der Lügner für sich nutzt, ist genau das Merkmal, mit dem wir gewöhnlich die Überredung von der Überzeugung unterscheiden. «Überredung ist ein bloßer Schein», heißt es bei Kant, «weil der Grund des Urteils, welcher lediglich im Subjekte liegt, für objektiv gehalten wird. Daher hat ein solches Urteil auch nur Privatgültigkeit, und das Fürwahrhalten läßt sich nicht mitteilen.» Ein Mensch allein kann nicht unterscheiden, ob er sich nur zu etwas überredet hat oder ob er überzeugt ist. Beides fühlt sich – jedenfalls vor dem Praxistest – ganz gleich an, weil hier nicht die Frage den Unterschied macht, ob ich Gründe für das habe, was ich für wahr halte, sondern woher ich diese Gründe habe, also wie tragfähig sie sind. Wenn ich mir nur eingebildet habe, dass es wahre Gründe sind, dann werde ich das nur merken, wenn ich einem anderen meine Gründe vorlege und sehe, ob er zum selben Schluss kommt wie ich. Wir müssen also testen, ob unsere Gründe bei einem anderen Denker denselben Effekt haben. Der Lügner, der uns mit allem Geschick überredet, teilt uns allem Anschein nach doch etwas mit, von dem er überzeugt ist. Daraus schließen wir sehr schnell, dass wir also schon zwei sind, die etwas für wahr halten, es sich also darum auch nur um eine Überzeugung handeln kann. Weil es der Test der Mitteilung ist, der den Unterschied zwischen Überredung und Überzeugung ausmacht, sind wir am besten dadurch zu verwirren, dass uns jemand einen Gedankengang nahelegt, aber nicht ausbuchstabiert, und uns danach zu unserem Denken gratuliert. (Der ganz Abgefeimte bedankt sich sogar noch, dass man ihm etwas endlich einmal verständlich erklärt habe.) Die Verwechslung, die wir hier begehen, ist die der aktuellen Zustimmung durch einen oder gar mehrere Menschen und der prinzipiellen Zustimmungsfähigkeit einer Aussage durch die allgemeine Vernunft. Was Kant meint, ist ja selbstverständlich nicht, dass wir nur genug Menschen finden müssen, die sich ganz genauso wie wir etwas einbilden können, sondern er meint die Idee, dass buchstäblich jeder Mensch nur dann zustimmen kann, wenn etwas überzeugend ist und nicht nur so scheint.

Wer mehr über Lügen und ihre Verbreitung erfahren will, sollte also gründlicher darüber nachdenken, was wir eigentlich tun, wenn wir jemanden einschätzen. Ein Weg dazu ist der Blick auf historische Lügen, weil sie bereits die Antwort auf die Frage enthalten, wer hier entschieden hat, wem zu glauben ist, und wie weit der Lügner genau diese Entscheidung im Lügen berücksichtigt hat. Genau das macht Lügen natürlich auch zu einer verlässlichen Quelle für die Geschichtswissenschaft, denn die Lüge konserviert nichts anderes als den tatsächlichen Eindruck, den ein Mensch einmal von einem anderen hatte.

Was wir glauben

Lady Chiltren: *Du hast ein Staatsgeheimnis für Geld verkauft! Du hast Dein Leben mit einem Betrug begonnen! Deine ganze Karriere beruht auf Ehrlosigkeit! Sag mir, dass das nicht wahr ist! Lüg mich an! Lüg mich doch an!*

Oscar Wilde, irischer Schriftsteller,
Der ideale Ehemann (1894)

Auch wenn wir uns entschieden haben, einen Menschen für glaubwürdig zu halten, übernehmen wir selbstverständlich noch längst nicht alles von ihm, nur weil es von ihm kommt. Der Abschnitt der kindlichen Entwicklung, in dem man einem Menschen alles erzählen kann, weil jede Äußerung der anderen einfach übernommen wird, ist auf die Zeit beschränkt, in der die kognitive Leistung erlernt wird, überhaupt etwas zu verstehen. Diese Phase ist, wie Eltern wissen, bedauerlich schnell vorbei, denn dann beginnen die nie endenden kritischen Nachfragen. Schließlich wissen wir alle irgendwann, dass jeder Mensch sich irren und auch manchmal einen dieser wirren Tage haben kann, an dem auch die Klügsten schlicht nur offenkundigen Unsinn reden. Dennoch zielt das Lügen genau darauf, dass ein anderer etwas für wahr halten soll, das der Lügner seinerseits für unbegründet hält und von dem wir deshalb zumindest annehmen können, dass objektive Gründe dafür nicht leicht zu finden sind.

Im einfachsten Fall wenden wir uns einem Menschen aus Wahrheitsinteresse zu, weil wir von ihm Wissen aus zweiter Hand wollen, also etwas, das wir uns auch selber jederzeit beschaffen könnten. Was wir suchen, ist die Abkürzung zum Wissen. Daran ist auch prinzipiell nichts verwerflich, weil nicht alle Menschen durch dieselbe Pfütze rennen müssen, um ganz sicher zu wissen, dass der Boden nass ist. Das Beispiel markiert allerdings schon den Punkt, an dem es mit der Möglichkeit, sich Wissen durch eigene Erfahrung zu erwerben, schwierig wird. Wir können nämlich nicht an allen Orten gleichzeitig sein, uns also vieles von dem, was man dann Wissen nennt, gar nicht selber erwerben. Dennoch müssen wir manchmal etwas über das erfahren, was ein anderer erlebt hat, oder möchten es vielleicht nur einfach gern. Es gibt also graduelle Unterschiede, wenn wir davon sprechen, dass wir etwas für wahr halten können. Immanuel Kant hat vorgeschlagen, drei verschiedene Stufen des Fürwahrhaltens zu unterscheiden, und damit die Forderung verbunden, sich vor allem im Einzelfall bewusst zu machen, zu welcher Klasse das Fürwahrhalten gehört, von dem man gerade spricht:

Wissen ist für einen Menschen das, wofür es sowohl objektiv als auch subjektiv genug Gründe gibt, um einen Zweifel auszuschließen, das heißt, es muss für mich ebenso überzeugend sein wie für jeden anderen, der sich die Mühe macht, gründlich darüber nachzudenken oder sich selber das anzusehen, von dem die Rede ist.

Glauben ist das, wofür wir subjektiv genug Gründe haben, auch wenn wir gleichzeitig wissen, dass wir nicht genug objektive Gründe kennen, um sie zwingend zu nennen. Es reicht zwar für mich, weshalb ich auch bereit bin, eine Menge daraufhin zu wagen, mir ist aber bewusst, dass andere Menschen begründete Zweifel dagegen vorbringen können.

Meinen ist ein Fürwahrhalten, für das uns weder objektiv

noch subjektiv genug Gründe einfallen, weshalb ich mir bewusst bin, dass es auch mich nicht wirklich überzeugt.

Für alle Klassen des Fürwahrhaltens kennt jeder Beispiele; manchmal liegt es an uns, manchmal an den Gegenständen, über die wir nachdenken. Das ist so lange völlig unproblematisch, wie wir nicht das eine mit dem anderen verwechseln. Es ist schlicht «ungereimt, in der reinen Mathematik zu meinen», wie Kant sagt, «man muß wissen, oder sich alles Urteilens enthalten». Also nicht die Debatten führen, die man in der Schule gern gesucht hat, weil einem einfach nicht einleuchten will, dass wirklich in allen rechtwinkligen Dreiecken die Summe der Flächeninhalte der Kathetenquadrate gleich dem Flächeninhalt des Hypotenusenquadrates ist. Andersherum wären wir überhaupt nicht zufrieden, wenn unser Arzt auf die Frage, was man gegen den überaus unangenehmen Schwindel tun könne, mit seiner persönlichen Meinung aufwarten würde. Wir wollen immerhin, dass er glaubt, dass sein Therapieansatz der richtige ist, auch wenn er sich dann immer erst in der Praxis bewähren kann. Die Vorstellung, dass der Mann wild herumexperimentiert und einfach aufs Geratewohl mit einem Haufen Tabletten wirft, ist nicht das, was wir uns unter Kompetenz vorstellen, auch wenn wir akzeptieren, dass menschliche Körper eine komplizierte Sache sind, bei der man nicht genug weiß, um immer jede Reaktion richtig vorhersagen zu können. Wer auf einen Menschen mit einem Wahrheitsinteresse zugeht, erwartet aber zumindest, dass dieser Mensch klar sagt, ob er das, was er äußert, nur meint oder glaubt oder aber weiß. Wenn mich jemand, der es offensichtlich sehr eilig hat, nach dem schnellsten Weg zum Dammtor-Bahnhof fragt, dann will er nur dann eine Antwort von mir, wenn ich den Weg auch kenne, also tatsächlich weiß, und nicht nur glaube, ihn zu wissen. Wenn es wichtig ist, schauen auch wir lieber noch einmal vorher auf den Stadtplan, weil uns dann nicht reicht, was wir über eine Adresse meinen.

Es ist ganz deutlich, worauf jemand, der lügen will, gewöhnlich zielt. Wir sprechen von Meinungsaustausch, weil uns bewusst ist, dass Meinungen nicht als Grundlage für eine Handlungsentscheidung taugen, weshalb man auch in manipulativer Absicht nur wenig erreichen kann, wenn man dem anderen eine persönliche Meinung mitteilt. Zuzugeben, dass ich etwas nur glaube, zeigt dem anderen offen an, dass sein Mitdenken gefragt ist und dass wir also ein gemeinsames Experiment wagen, wenn wir meiner Überzeugung, der auch viel empirische Erfahrung zugrunde liegen kann, folgen. Wissen allerdings kommt mit dem Anspruch daher, unzweifelhaft zu sein, so dass derjenige, der es nicht weiß, als ungebildet gilt, derjenige, der es nicht glauben will, als unbelehrbar, und derjenige, der es nicht glauben kann, als kognitiv beeinträchtigt. Menschen kommen tatsächlich sehr gut mit dem Fürwahrhalten der zweiten Klasse, also dem Glauben aus. Auf diese Weise verbinden wir Einzelerkenntnisse zu verschiedensten Zwecken, probieren Ideen aus und wagen uns mit unserer Erfahrung im Gepäck auch erfolgreich auf neues Terrain. Solange wir uns bewusst sind, dass es sich um ein Glauben handelt, bereitet es uns keine Probleme, dass unsere Argumente dafür nicht restlos überzeugend sind. Die deutsche Redewendung *eine Lüge für die Wahrheit nehmen* markiert sehr schön den Unterschied zwischen bewusstem Glauben und der Verwechslung von Glauben und Wissen. Ein Lügner zielt genau darauf ab, dass wir das, was er uns nahelegt, als Wahrheit nehmen, dass wir also im Handeln darauf vertrauen und es nicht etwa nur als mögliche Hypothese betrachten, bei der wir uns bewusst bleiben, dass man nur mit aller Vorsicht so tun darf, als ob es eine Wahrheit wäre, weil wir erst ausprobieren müssen, ob das überhaupt funktioniert. Der Lügner allerdings kann nichts weniger brauchen als unsere Fähigkeit zum Denken im abgesicherten Modus. Den größten Manipulationseffekt erreicht man damit, Glauben, Meinen und Wissen möglichst geschickt durcheinander zu werfen, so dass der andere gar keine Wahl hat, als sich zu verirren, sobald er uns ernst nimmt statt sich klugerweise einen anderen Gesprächspartner zu suchen.

Immanuel Kant verbrachte sein Leben mit nichts anderem als dem Versuch, den Menschen immer und immer wieder zu erklären, dass jeder in der Lage ist, die Stufen des Fürwahrhaltens eindeutig auseinanderzuhalten und sich dadurch vor Scharlatanen aller Art zu schützen. Es reicht völlig zu wissen, wovon der Mensch mit seinem Erkenntnisvermögen gar kein Wissen erwerben kann, um zu erkennen, wem man nicht zuhören sollte, wenn einer behauptet, er habe es aber dennoch im Angebot. Dass es auf der Suche nach Wahrheit nicht schadet, wenigstens genau zu wissen, was man selber nicht weiß, ja, noch nicht mal glaubt, sondern nur meint, gilt schon seit Sokrates als Schlüssel zur Möglichkeit, im Leben etwas dazuzulernen. Wer diese beiden Lektionen gelernt hat, ist tatsächlich nur noch schwer zu belügen, wenn er denn bereit ist, das eigene Wissen ständig durch Erfahrung und sorgfältiges Denken zu erweitern. Aber auch die größte Vorsicht nutzt nichts, wenn es um einen Bereich geht, in dem derjenige, der lügt, eindeutig das Expertenwissen besitzt, das kein anderer überprüfen kann, nämlich das Wissen aus der eigenen Erfahrung über zufällige Ereignisse und dasjenige der Selbsterfahrung.

Während wir wenigstens noch versuchen können, uns

gegen erfundene Berichte eines nur angeblichen Erlebens zu wappnen, weil wir weitere Zeugen fragen und auch den Ort des Geschehens aufsuchen können, haben wir tatsächlich gar keine Chance, wenn uns jemand davon erzählt, was er glaubt oder was er möchte oder was ihm gefällt. Uns bleibt nur, seine Schilderung von dem, was nur er wissen kann, mit unserem Erfahrungswissen darüber zu vergleichen, wie sich Menschen üblicherweise verhalten, die so glauben, so wollen und so genießen wie er. Da jemand, der lügt, diese Verhaltensmerkmale aber natürlich auch kennt, kann er wie ein Schauspieler auch Zeichen aussenden, die diesen Merkmalen entsprechen. Wenn wir uns für einen anderen Menschen interessieren, dann bleiben wir seinem Willen zur Wahrhaftigkeit ausgeliefert.

Eine Lüge, von der wir wissen, ist also nicht nur die Antwort auf die Frage, wem man einmal vertraut hat. Sie zeigt auch, inwieweit sich der Gläubige der Grenzen des Wissens bewusst war, und ist damit außerdem ein mögliches Indiz für das Gefälle an Wissen, das in der Gesellschaft seiner Zeit bestand. Auch Herrschaftswissen beruhte schließlich selten nur auf dem Versuch, den Untertanen im Einzelfall konkrete Informationen vorzuenthalten, sondern auch darauf, dass die Entstehung des kritischen Denkens verhindert oder verzögert wurde. Hannah Arendts Glaube, dass Regierungen erst ab dem 20. Jahrhundert die Möglichkeit entdeckt hätten, ein Volk systematisch zu belügen, ist zwar freundlich gedacht, aber historisch leicht zu widerlegen. Es reicht dafür, die Entwicklung der Bildung zu verfolgen. Wie sehr dieses Problem bereits in der Zeit der Aufklärung allgemein diskutiert wurde, zeigt schon die Preisfrage der Königlichen Akademie zu Berlin aus dem Jahr 1781, die in ihrer Vollständigkeit doch alles zugibt, denn es ging um die *Beantwortung der*

Frage: Kann irgend eine Art von Täuschung dem Volke zuträglich sein, sie bestehe nun darinn, daß man es zu neuen Irrthümern verleitet, oder die alten eingewurzelten fortdauern läßt? Eine Lüge ist immer auch der Tatsachenbeweis für den Wissensstand und die Vernunftkritik eines Menschen, der etwas für wahr hielt, ohne dass er dafür hinreichende Gründe hatte.

Wodurch wir glauben

Eine Volte der Sprache ist mehr wert
als zehn Volten der Hände.
Christoph-Joachim Schröder, deutscher
Täuschungskünstler (2017)

Gemeinhin gilt das 19. Jahrhundert als Zeitalter der Sprachkritik, doch muss sie schon sehr viel früher angefangen haben. Der erste Linguist war vermutlich ein Besucher des Orakels von Delphi, der mit einer Reklamation zurückkam und erleben musste, dass ihm die Rückerstattung mit dem Hinweis verweigert wurde, dass Pythia ja gar nichts gesagt, sondern nur auf Befehl Silben aneinandergereiht habe. Nun wissen wir natürlich nicht, wie es unter Göttern zugeht, aber Menschen können nicht unmittelbar wissen, was ein anderer denkt. Könnten wir es, dann würden wir auch nicht nach der Lüge fragen müssen. Wir kennen aber auch keinen Kanal, durch den unsere Gedanken oder Emotionen direkt zum anderen Menschen hindurchlaufen könnten. Wenn wir den anderen erreichen wollen, brauchen wir Zeichen, ganz egal, ob derjenige, der etwas mitteilen will, dabei auf Täuschung aus ist oder nicht. Als das populärste Mittel gegen die Möglichkeit, einander zu belügen, gilt daher das systematische Säubern des jeweiligen Zeichensystems, das den Menschen als Schnittstelle dient. Natürlich denken wir dabei immer an das Medium, durch das wir schon einmal so belogen worden sind und es auch bemerkt haben. In den meisten Fällen ist das die Sprache im engeren Verständnis: das vergleichsweise geschlossene Zeichensystem aus Lauten und Sprachgebärden, das sich in vielen Gemeinschaften mit der Zeit gebildet hat und das darum natürlich genannt wird. Der Traum vom eindeutigen Sprechen auf der Grundlage einer Weltsprache mit universeller Grammatik gilt vielen bis heute als Garant für eine weltumspannende Verständigung, in der Missverständnisse nicht mehr vorkommen können.

Nun wissen Sie aber inzwischen, dass Lügen nicht etwa gleichbedeutend mit dem Provozieren eines Missverständnisses ist, sondern gerade umgekehrt eine Lüge nur dadurch möglich wird, dass der Lügner die Eindeutigkeit dessen, was er sagt, sogar ganz besonders kontrolliert. Die Orakelsprüche von Delphi sind ja nur darum so unterhaltsam, jedenfalls für alle, die nicht für sie bezahlt haben, weil sie so klug konzipiert sind. Krösus, den sein ihm zugedachter Satz ein großes Reich kostete, hat Pythia ja nicht etwa missverstanden, weil ihr göttlicher Auftraggeber nicht darauf geachtet hätte, wie man Sätze eindeutig formuliert. Der König ist vielmehr genau so in die Falle gelaufen, wie es geplant war. Zweideutig, und genau darauf kommt es an und das macht ihn so gemein, ist der Spruch nur aus der Außenperspektive, wozu auch der spätere Zeitpunkt gehört, an dem Krösus schmerzhaft erfuhr, wie man den Spruch des Orakels auch hätte verstehen können, wenn man ein anderer als Krösus zum Zeitpunkt der Orakelbefragung gewesen wäre. Es sieht so aus, als hätte eine höher entwickelte Sprachkritik nicht etwa die missliche Lage von Krösus verhindert, sondern ihn überhaupt erst in diese Lage gebracht.

Unsere Denkökonomie verleitet uns dazu, nach einfachen und naheliegenden Antworten zu suchen, wenn wir einen unangenehmen Zustand bemerken. Wenn die Lüge aber wesentlich ein Dialog ist, dann ist damit auch klar, dass die Sprache nicht etwa die Ursache (oder, wie Aristoteles genauer sagen würde, weder die Wirkursache noch die Formursache oder gar die Stoffursache) des Problems ist, sondern einfach nur ein mögliches Medium, in dem die Lüge entsteht, weil der Dialog zwischen Menschen immer nur mit Hilfe eines Mediums möglich ist. Man kann also die Sprache eine mögliche Formursache des Dialogs nennen, aber damit ist sie nicht auch schon eine Ursache der Lüge. Menschen können einander belügen, weil sie nur dadurch dialogfähig werden, dass sie sich eines Mittels bedienen, und die Zahl dieser Mittel hat sich für uns mit den Jahrhunderten beachtlich vergrößert. Wir können nicht mehr nur in Gesten und Mimik, mit natürlicher Sprache und Geräuschen, repräsentativen Gegenständen und Zeichnungen kommunizieren, sondern wir haben Techniken wie den Buch- und Grafikdruck, wir haben Fotos und Filme erfunden. Jedes Medium setzt uns in die Lage, ein besonderes Spektrum an Gedanken, Gefühlen und Wahrnehmungen mitzuteilen, was die Möglichkeit einschließt, auch nur das als Gedanken, Gefühle und Wahrnehmungen erscheinen zu lassen, was wir mitteilen. Kurz gesagt: Wir lügen immer durch Zeichen, aber die Lüge ist kein falsches Zeichen. Sie ist auch kein Missbrauch von Zeichen oder des Dialogs, denn um das anzunehmen, müsste zunächst einmal jemand beweisen, dass Zeichen und unsere Dialogfähigkeit nur zu einem einzigen Zweck geschaffen worden sind. Da Gottesbeweise seit Kants Nachweis der Grenzen des menschlichen Erkenntnisvermögens als unlauteres Geschäft gelten, lässt sich auch die Kommunikation nicht mehr als Gottesgeschenk verstehen, gegen das man sich etwa versündigen würde, wenn man es nicht im einzig vorgesehenen Sinne gebraucht. Tatsache ist, dass Menschen, soweit wir etwas über sie wissen, jedes Kommunikationsmittel immer auch zu unterschiedlichen

Zwecken verwendet haben, darunter auch für das Lügen, und das schlicht darum, weil es möglich ist.

Wer also die Lüge dadurch verhindern will, dass er Menschen auf eine präzise Sprache ohne den Raum für Missverständnisse verpflichtet oder indem er ihnen bestimmte Medien ganz verbietet, versucht nicht nur etwas, das vermutlich ohnehin unmöglich ist, und untersagt nebenbei noch Literatur und Kunst. Er hat vor allem nicht verstanden, was die Lüge ist und welche Rolle das Faktum dabei spielt, dass wir die Wahl zwischen unterschiedlichen Medien haben, die wir außerdem neben- und nacheinander nutzen können, ohne uns eindeutig und ein für alle mal entscheiden zu müssen. Dieses Missverständnis ist natürlich demjenigen, der lügen will, ganz recht, weil unsere Möglichkeiten zu lügen sehr viel komplexer geworden sind, seit so viele Menschen wie nie zuvor Zugang zu Bildung haben, so dass eine Lüge über Wissensinhalte einen immer höheren Anspruch erfüllen muss. Vor zwanzig Jahren konnte man noch auf einem Balkon in Hamburg stehen und am mobilen Telefon so tun, als befände man sich in einem Büro in Basel, wo man sich gerade zu einem Verhandlungsgespräch mit potenziellen Kunden trifft. Heute kann jeder mit der einfachen Frage, wie denn wohl das Wetter dort gerade sei, einen Lügenversuch zum Scheitern bringen, wenn unser Lügner vergessen hat, das vorher selber in seiner Wetter-App nachzusehen. Gar nicht davon zu reden, dass man heute auch daran denken sollte, dass eine weitere App nicht nur zum Auffinden des Mobiltelefons im Falle von Schusseligkeit und Diebstahl verwendet werden kann, sondern auch von einem Menschen, mit dem man sich einen Telefonvertrag teilt, weil man nicht nur probeweise mit ihm zusammenwohnt. In Fällen wie diesen hilft nur noch, Programme zur Handy-Ortung zur generell unzuverlässigen Technik zu erklären oder sie mit dem Hinweis ganz abzuschalten, dass so etwas doch nur zur Überwachung durch einen weltweit operierenden Geheimdienst erfunden worden sei, wovor man sich unbedingt schützen müsse. (Wer ganz auf der Höhe der Zeit ist, beauftragt stattdessen online eine Alibi-Agentur damit, künftig das kleine Telefon zuverlässig dort sein zu lassen, wo der Geschäftstermin, aber nicht das eigene Leben stattfindet.) Solange Menschen die Lüge nur in einem einzigen Medium erwarten, reicht es aus, genau dieses Medium so zu nutzen, wie es auch diejenigen tun, die nicht auf Täuschung aus sind, und gleichzeitig weitere Medien zu gebrauchen, die verhindern, dass durch eine wahre Mitteilung auch die Wahrheit mitgeteilt wird. Aus jedem Generalverdacht gegen ein bestimmtes Medium kann eine neue Lüge genauso möglich werden wie durch ein naives Vertrauen, beispielsweise in Filmaufnahmen. Wer weiß, wie es geht, vermag dieses Vertrauen und Misstrauen genauso gegen uns auszuspielen wie unser Vertrauen und Misstrauen gegen ihn.

Was schon gefährlich ist, wenn es unterschiedliche Zeichensysteme betrifft, wird dann verheerend, wenn auch noch bestimmte Medien des Dialogs mit ganzen Berufsgruppen verknüpft werden, also dem, was heute eigentümlich abgekürzt «die Medien» heißt. In Deutschland hängt man mit besonderer Vorliebe an der Vorstellung, dass jeder, der seine Gedanken auf Papier drucken lässt, das sich fest eingebunden zwischen zwei harten Deckeln befindet, grundsätzlich weiß, was akademische Standards der Recherche sind, wogegen jemand, der auf großen losen Blättern publiziert, ein gewissenloser Schmierfink ist. Alternativ dazu etabliert sich auch die seltsame Idee, dass alles, was gedruckt ist, nicht mehr vertrauenswürdig sei, während alles, was auf einem Bildschirm erscheint, nur Ausdruck der lautersten Wahrheit sein kann. Das knüpft ebenso wie das ganze Gerede von «Lügenpresse», «Leitmedien» und «Leitmilieu» nicht nur an eine unerfreuliche Tradition an, es ermöglicht vor allem hochkomplexe Lügentechniken durch das gezielte Schaffen und Instrumentalisieren von Negativ-Zeichen, die außerdem noch den Vorzug haben, dass derjenige, den man belügen möchte, den Dialog mit anderen schon gar nicht mehr wagt.

Wer mehr darüber herausfinden möchte, wann welches Werkzeug zum Dialog in seinen Möglichkeiten verstanden wurde und wann nicht, wird in jeder Lüge das zuverlässige Zeugnis für einen spezifischen Mangel an Medienkompetenz finden, weil jede Lüge immer auch die Interpretation der Bedingungen, Möglichkeiten und Grenzen dessen ist, was die Form jeder Lüge ist: das dialogische Denken.

Warum wir glauben wollen

Davon haben wir nichts gewusst.
Beliebte deutsche Redensart
(insbesondere nach dem 8. Mai 1945)

Jede Lüge, von der wir als Lüge wissen, gibt die Antwort noch auf eine vierte Frage. Immer dann, wenn Menschen etwas nicht tun müssen, sondern das, was sie tun, ein Handeln ist, sprechen wir von Freiheit und damit auch von dem *Warum.* Wenn, wie Hannah Arendt es gern sagte, «Freiheit involviert ist», heißt das immer, dass unser Wissen über die äußeren, materialen und formalen Gründe nicht ausreicht, um daraus zu errechnen, wohin sich ein Etwas bewegt und wonach es sich ausrichtet. Dann müssen wir von dem Zweck sprechen, den wir nur bei denjenigen Lebewesen finden, denen bewusst ist, dass es Zwecke nicht nur gibt. Menschen können sich eigene Zwecke setzen und dafür dann, mit Hilfe ihrer teleologischen Urteilskraft, auf ihr ganzes Wissen über Ursache-Wirkungs-Zusammenhänge zurückgreifen, um den Zweck zu verwirklichen, also kurz gesagt: um ihr Ziel zu erreichen.

In wenigen Fällen ist unsere radikale Freiheit so sichtbar wie dann, wenn von außen betrachtet so wenig dafür spricht, dass wir uns Hoffnung machen können, Erfolg zu haben. Wenn der Mensch sein Leben wesentlich als eine Aneinanderreihung von Irrtum und Scheitern erlebt, liegt es ja vor allem daran, dass wir überhaupt irren und scheitern können, was keine so selbstverständliche Angelegenheit ist, wenn man betrachtet, wie sicher sich Lebewesen üblicherweise in der Welt orientieren. Wir kennen nicht nur die Einwirkung der Welt auf uns und die Möglichkeiten unseres Körpers, damit so umzugehen, dass wir als Lebewesen überleben. Wir interpretieren die Welt und sogar das Zusammenspiel zwischen unserem Körper und der Welt noch aus einer anderen Perspektive, da wir zur begrifflichen Reflexion fähig sind. Weil dieses Vermögen kompliziert ist, und wir uns damit auch noch nicht so lange auskennen wie mit der Interpretation der Welt auf der Ebene der Wahrnehmung und der Körperbeherrschung, haben sich Menschen immer wieder vor dieser anderen Perspektive erschrocken. Vor allem die eigentümliche Erfahrung, dass wir sogar in der Lage sind, unsere nicht geringen perzeptiven und motorischen Fähigkeiten, die sich das Lebewesen Mensch über Jahrtausende aneignen musste, weitgehend untauglich zu machen, ist doch unheimlich. Da haben wir so viel Übung darin, aufrecht am Tisch zu sitzen und unfallfrei ein Stück Blaubeerkuchen mit Hilfe eines filigranen Instruments in den Mund zu befördern – und dann kommen wir auf den Gedanken, dass das Unternehmen scheitern und wie wir und vor allem das Tischtuch dann aussehen könnte, und schon fällt es uns herunter. Das geschickteste Wesen der Welt kann ganz fürchterlich ungelenk werden, wenn es anfängt, darüber nachzudenken, was es da leistet. Unser Vermögen zur reflektiven Virtualität kann die über unsere Sinne erfahrene Realität gehörig durcheinanderbringen, weil wir dadurch nicht nur in der Lage sind, uns in der Wirklichkeit zurechtzufinden, sondern auch dazu, in Möglichkeiten zu denken, uns also eine andere Wirklichkeit vorzustellen. Thomas Hobbes, der britische Philosoph des 17. Jahrhunderts, der nicht nur ein gefürchteter Denker des Starken Staates, sondern vor allem ein feinsinniger Beobachter des Menschen war, hat uns das Wesen genannt, das noch der künftige Hunger hungrig macht. Weil wir es sogar noch vermögen, über dem Hunger von morgen das Essen am heutigen Tag zu vergessen, haben die Denkskeptiker seit je gefürchtet, dass wir vor lauter Denken den «Lebenskampf» verlieren könnten. Und natürlich hat Martin Heidegger ja auch in einem völlig recht: Wer sich den Hunger von morgen vorstellt, kann sich auch den eigenen Tod vorstellen. Dieser deutsche Philosoph ist schließlich auch ein Beispiel dafür, dass das virtuelle Ringen im «Daseinskampf» für unsere Fähigkeit zur Orientierung in der perzeptiven Realität nicht nur förderlich ist.

Wir können nicht nur in der Wahrheit, sondern auch in der Lüge leben, weil wir die Fähigkeit haben, uns eine andere Welt zu denken, und zwar nicht nur als unendliches Abdriften weg von dem, was ist, bis es uns wie ein bloßes Hirngespinst vorkommt, sondern als eine andere Interpretation der Welt, so wie sie uns erscheint. Es ist gerade unsere Erfahrung der Sinnestäuschung, die uns gelehrt hat, manchmal lieber unseren Begriffen zu trauen.

Was nach der unendlichen Freiheit klingt, ist tatsächlich ganz übersichtlich, weil wir nur drei Perspektiven auf uns und die Welt kennen. Wer nach dem Warum von etwas fragt, spricht von der Wahl zwischen diesen drei Möglichkeiten. Der Mensch kann die Welt und alles, was ihm erscheint, zweckrational beschreiben, also auch etwas Konkretes mit seinem Handeln bezwecken wollen; wir können uns auf die Form der Handelns konzentrieren, also nach einer Regel dafür fragen, wie wir überhaupt handeln sollen; und weil wir die Wahl zwischen beidem haben, können wir uns auch entscheiden, erst einmal gar nichts zu wollen, sondern wie man in den guten alten achtziger Jahren zwischen pastellfarbenen Büchern und rosaroten Aufmerksamkeitsübungen sagte, die Welt auf uns einströmen und die Dinge auf uns wirken lassen. Sie ahnen natürlich, dass das nicht so einfach ist, dass ein paar Teelichter und parfümierter Tee schon dafür reichen würden. Aber bevor Sie sich entscheiden, Kants *Kritik der Urteilskraft* zu lesen, genügt hier der Hinweis, dass Menschen nicht nur das Vermögen zur Rezeption der Welt und die Werkzeuge besitzen, um über die Gesetzlichkeit der Welt nachzudenken. Wir haben auch die Fähigkeit, uns als einen Teil dieser Welt zu denken, der sowohl klug agieren als auch vernünftig handeln kann, wenn wir nicht für einen Moment unsere Interessen ausblenden und dieses seltsame Zusammenspiel zwischen Realität und Virtualität selbst erleben.

Es ist offensichtlich, dass es ein Lügner sehr schwer hat, unmerklich das Denken zu beeinflussen, das uns als Grundlage unseres Handelns dient, wenn wir ihn und die Welt gerade aus einer Perspektive anschauen, die nicht zweckrational oder moralisch ist. Wenn ich einfach nur seine Anwesenheit genieße, meine Augen hingebungsvoll jeder Bewegung seiner Hand und dieser Finger folgen lasse, die mir so gut gefallen, wenn sie sich vorsichtig tastend um das heiße Teeglas legen, dabei vollendet hingerissen dem Klang der Worte und dem charakteristischen Pulsschlag seines Sprechens lausche, ja, sogar noch, wenn ich mich am besonderen Rhythmus seiner Denkungsart erfreue, kann der Mann so geschickt, so versiert, so einnehmend, so plausibel lügen, wie er will – er wird doch keine Chance haben. Da es nicht nur eine Ästhetik der Dinge, sondern auch eine des Denkens gibt, können Menschen sich, eine gewisse Übung vorausgesetzt, noch an der Denkbewegung eines anderen erfreuen wie an Musik oder einem eigenwilligen Pinselstrich. Man kann darum einem Menschen Stunden und vermutlich ein Leben lang zuhören, sogar mitsingen, ohne dass irgendetwas davon, was ein anderer sagt, je eine Versuchung für die eigenen Überzeugungen werden könnte. Das, was Kant das «uninteressierte Wohlgefallen» nannte, verhindert sogar noch die Möglichkeit der publikativen Simulation. Weil wir bis heute nicht so vertraut mit unserem Vermögen der Urteilskraft sind, dass wir auch nur in der Lage wären, Denkbewegungen in einer Qualität zu imitieren, dass sie den Ansprüchen der ästhetischen Urteilskraft über ein Argument hinaus genügen, werden die Möglichkeiten des Menschen, einen anderen durch die bloße Anwesenheit seines Denkens zu manipulieren, noch auf lange Zeit begrenzt bleiben.

Erst wenn ein Interesse das Zuhören bedingt, entsteht der Raum für den Dialog. Es braucht die Möglichkeit des dialogischen Denkens, oder anders gesagt, es braucht das Interesse an der gemeinsamen Interpretation der Welt bei dem, der sich uns zuwendet, um die Illusion zu erzeugen, dass beide in der Zuwendung zur Welt etwas gemeinsam haben. Bei der Welt, der man sich hier zuwendet, kann es sich um den Lügner, seine Äußerung und ebenso um das Medium des Dialogs handeln. Sobald ein Interesse des Zuhörers involviert ist, lässt es sich auch gegen den Zuhörer wenden. Das gilt sowohl für die Suche nach einer Autorität oder nach Schutz, die in der Form der Loyalität unser Denken bereits lenken, noch bevor es jemand instrumentalisiert, als auch für moralisches Engagement und die Hoffnung, das Richtige ließe sich finden, indem man einen anderen fragt oder auch nur beobachtet, was er tut. Wir sind also immer dann belügbar, wenn unser Interesse am Dialog zweckhaft ist und wir gleichzeitig voraussetzen, dass der konkrete Dialog für einen bestimmten Zweck tauglich ist.

Die Chancen, dass Lügen erfolgreich ist, stehen dann

besonders gut, wenn der Mensch, den man belügen möchte, es für möglich hält, dass genau das ihn vor der Lüge schützt, was nur eine ihrer Bedingungen ist. Wem ich glaube, was ich glaube und in welcher Form man mich erreicht – das sind je für sich Fragen, die bei isolierter Betrachtung die Entstehung von Lügen noch dann begünstigen, wenn man sich der anderen Bedingungen einer Lüge bewusst ist.

Eine Lüge zu lesen erlaubt einen Blick wie durch ein Brennglas in die Denkungsart des Menschen, der als Zuhörender ermöglicht, dass aus dem Lügen eines anderen Menschen eine Realität entsteht, weil er nach der Realität suchte. Wer mehr über die unterschiedlichen Arten lernen möchte, in denen verschiedene Menschen in ihrer Zeit unsere Vermögen zur Erkenntnis und zum Gedankenaustausch tatsächlich verwendet haben, wird im sorgfältigen Lesen von erkannten Lügen eine Quelle mit einer Aussagekraft finden, die andere Zeugnisse menschlichen Handelns nicht oder jedenfalls nicht so leicht zu bieten haben. Der Grund dafür liegt ausgerechnet darin, dass jede erfolgreiche Lüge ein gelungenes Experiment ist, das die Wirkung des Denkens auf das Handeln unter kontrollierten Bedingungen nachweist. Eine erfolgreiche Lüge ist damit aber nichts Geringeres als der Beweis, dass auch der Zusammenhang von Denken und Moral wirklich sein kann, wenn wir es wollen.

Jenseits der Macht

Es macht schon etwas aus,
wenn man weiß, daß man auf seine
eigene Kraft angewiesen ist. Man lernt
dann, sie richtig zu gebrauchen.
Sigmund Freud, österreichischer Arzt,
Die Zukunft einer Illusion (1927)

Vielleicht gibt es nur ein Phänomen, das uns ähnlich verstört wie die Lüge, und das ist der Spiegel. Wir können uns bis heute nicht entscheiden, ob wir nun mögen, was er tut, oder nicht, denn der Spiegel lügt nicht. Mit unbestechlicher Zuverlässigkeit zeigt er uns genau, was ist, und nichts, was wir mit ihm anstellen, kann verhindern, dass er uns genau das zeigt, was wir davorstellen. Im Unterschied zu unseren gekreuzten Sehnerven vertauscht er noch nicht einmal die Seiten, sondern lässt das Rechte rechts und das Linke links, das Obere oben und das Untere unten. «Er sagt die Wahrheit auf unmenschliche Weise», heißt es bei Umberto Eco, darum trauen wir ihm so bedenkenlos. Der Spiegel reagiert nicht, er interpretiert nichts, er erklärt sich auch nicht. Und doch hat er etwas Wesentliches mit der Lüge gemeinsam: Wenn wir einen Spiegel gebrauchen, also zu unserem Werkzeug machen wollen, müssen wir erst einmal erkannt haben, dass es ein Spiegel ist.

Eine Lüge lesen kann nur, wer aus unterschiedlichem Abstand und wechselnder Perspektive darauf schauen kann und nicht durch eigene Interessen in sie verstrickt ist. Aber es bedarf noch einer anderen Voraussetzung dafür als nur der Distanz, um überhaupt über die Lüge nachzudenken; über die Lüge nachdenken kann nur, wer selber die Fähigkeit zum Lügen kennt, also ein potenzieller Lügner ist. Wir haben also allen Anlass, uns mit der Entscheidung schwer zu tun, überhaupt auf die Lüge zu sehen. Nichts ist nämlich so einfach wie die Moral und vor allem wie die Antwort auf die Frage, ob sich die Entscheidung zu lügen moralisch rechtfertigen lässt oder nicht. Wer lügt, aus welcher freundlichen oder unfreundlichen Absicht auch immer, versucht nicht weniger, als einem Menschen die Unwahrheit zu bringen und ihn damit daran zu hindern, seinen Verstand ohne die Leitung eines anderen zu gebrauchen. Jede Lüge ist Anti-Aufklärung, denn wer erfolgreich lügt, hindert einen Menschen an der Möglichkeit, sein Denkvermögen vernünftig einzusetzen. Dass die Förderung der Unmündigkeit ein moralisches Unternehmen sein soll, lässt sich schlicht nicht begründen, ohne sich schon mit der Begründung selber zu verurteilen. Jeder gerät unvermeidlich in einen logischen Zirkel, wenn er es versucht, so wie auch der, der das Lob der Lüge singt, selbstverständlich nicht möchte, dass man ihn für einen Lügner hält.

Unser Wissen, dass die Lüge mit der Pflicht zur Aufklärung und zur Achtung der Autonomie aller Menschen nicht in Einklang zu bringen ist, steht im Gegensatz zu unserer Erfahrung, dass bedingungslose Wahrhaftigkeit in einer unwahrhaften Welt meist scheitert. Lügen hingegen hat sich als Werkzeug oft genug bewährt, auch wenn Menschen sich nicht immer bewusst sind, was genau vorgeht, wenn der eine lügt und ein anderer ihm glaubt. Wer von der Wahrheit über die Lüge spricht, sollte also immerhin den Versuch unternehmen, etwas mehr Licht in diese seltsame Verwirrung zu bringen. Denn muss nicht ein Begriff der Lüge, der klar sein will, auch die Frage erhellen, warum Menschen unvermeidlich den Verdacht haben, hinter ihren Möglichkeiten zu bleiben, solange sie mit der Lüge rechnen?

Wahrheit als Luxus

Wahrhaftig sein zu dürfen, ohne Schaden befürchten zu müssen, ist ein Vorrecht der Macht, der Mächtigen – und auch dann immer noch beschränkt – oder der glücklichen Zufallssituation oder die mögliche Würde der völligen Ohnmacht.
Karl Jaspers, deutscher Philosoph,
Von der Wahrheit (1947)

Es ist grotesk. Wir fordern unsere Mitmenschen auf, bei der Wahrheit zu bleiben, sagen jedermann, wie sehr es heute «ums Authentische» gehe, und wenn irgendwer diese Aufforderung dann für eine Wahrheit nimmt, finden wir ihn nicht mehr gesellschaftstauglich. Wer sagt, was wir lieber nicht hören wollen, muss draußen bleiben. Nur beim ersten Mal nimmt man den Naivling zur Seite und lässt ihn mit dem strengen Tadel davonkommen, dass man es doch auch etwas anders hätte sagen können. In einem anderen Ton vielleicht? Am liebsten aber gar nicht? Wenn wir nicht Menschen wären, niemand könnte uns erklären, was dieser Unsinn soll. Wir hingegen lernen dieses Spiel schon als Kinder durch Anpassung, das heißt, wir tanzen es schon lange mit, bevor das Niveau unseres Denkens ausreicht, um zu verstehen, was genau hier passiert, und nicht wenige stümpern sich ein Leben lang so durch, weil Momente spielerischer Leichtigkeit nur in absoluter Oberflächlichkeit oder aus der Virtuosität des Spielmeisters gelingen können. Wer nicht galant über jedes Eis gleiten kann und auch nicht weiß, wo die brüchigen Stellen sind, bricht notwendig ab und an ein und kann sich doch nicht für das Ufer entscheiden, also dafür, die Gesellschaft ganz zu meiden, weil man ihre grausam-launische Verlogenheit nicht will.

Denn natürlich kann jeder, der die Wahrheit über das sagen möchte, was er denkt und fühlt, genau das auch immer und überall tun, sobald er spricht. Die Frage ist allein, welche Konsequenzen das nach sich zieht und wie lang sich noch Menschen in seine Nähe wagen. Als Therapievorschlag gegen die gelegentlich doch auftauchende Frage, ob diese Rituale nicht zu viel Zeit kosten, die man lieber mit guten Gesprächen verbringen könnte, gilt gewöhnlich der Vorschlag, sich zu überlegen, wie der eigene Tag verlaufen würde, wenn man sich einmal alles zu sagen traute, was einem so durch den Kopf geht. Mit anderen Worten: Man empfiehlt uns das sehr dünne Eis und nicht weniger als die lebhafte Vorstellung, in jedes mögliche Loch zu fallen, wie es der ein oder andere Tölpel tut, über den wir gewöhnlich lachen. Da Angst vor der Einsamkeit meist stärker ist als der gelegentliche Ärger über das eigene Unverständnis für die Verlogenheit der Gesellschaft, hat sich die Therapie ganz gut bewährt. Wie viele Menschen einen solchen Tag dennoch gern einmal ausprobieren, also Amok laufen möchten, gehört auch zu den Dingen, über die wir lieber nichts Genaueres wissen wollen. Falls es dennoch einer tut, ist die Oberfläche danach so schnell und wie von Zauberhand geglättet, dass vom Rasenden nichts übrig bleibt als der Name für ein schlechtes Beispiel.

Es gab eine Zeit, in der jede Verstoßung aus der Gemeinschaft den eigenen Tod bedeutete, weil die Dörfer klein und die Wildnis drumherum noch wild war. Wer flüchtete, so erzählte man es wenigstens den anderen, kam dem Bann und seinen Folgen nur zuvor. Ihn fraßen, natürlich, die Wölfe.

Es gehört zum gar nicht genug zu preisenden Vorzug einer liberalen Gesellschaft, dass sie zumindest ein gewisses Maß an Lügen-Allergikern erträgt und Nischen zulässt, in denen auch derjenige sich nicht ganz unnütz fühlen muss, dem das Spiel der Konventionen nicht gelingen oder dem es einfach nicht gefallen will.

Aber bekanntlich herrschen nicht überall liberale Verhältnisse. Karl Jaspers, der vermutlich ehrlichste Philosoph seit Immanuel Kant, lernte die Lüge in einer Zeit anzuerkennen, in der es nur noch den rechten Weg gab, aber keinen, den er richtig gefunden hätte. Jaspers' Frau stammte aus einer jüdischen Familie, er hatte ihr versprochen, sie nie zu verlassen, bezahlte dafür bewusst mit dem Verlust der öffentlichen Stimme und verzichtete auf die Verlockungen des gesicherten Lebens als staatlicher Professor für Philosophie, auch wenn das bedeutete, dass ihn die meisten Kollegen mieden. Solange es ging, nutzte er die Zeit, eines der größten Werke der Philosophie zu schreiben, und konnte nur hoffen, dass es überhaupt je erscheinen würde. *Von der Wahrheit* hat über tausend Seiten. Es enthält auch das aufrichtige Zugeständnis, dass es Länder und Systeme gibt, in denen Unwahrheit Lebensbedingung ist: «Wer in glücklicher Situation davor geschützt ist, dieses handgreiflich zu erfahren, und wem es so gestattet wurde, sein Leben lang ohne Lüge auszukommen, der würde selbst unwahrhaftig sein, wenn er sich verschwiege, daß das nur dadurch möglich wurde, daß Andere für ihn unwahrhaftig waren, d. h. diejenigen, durch deren Handlungen sein Dasein und dessen Bedingungen verwirklicht wurden und aufrechterhalten werden.» Jeder, der in einer Diktatur die Stimme erhebt und sagt, was ist, gehört zweifellos zu den Mutigen, denen unsere Bewunderung zurecht gehört. Aber überleben werden sie nur, solange andere bereit sind, sie im Zweifel zu verstecken. Karl Jaspers und seine Frau Gertrud nahmen sich ein Leben lang übel, nicht zu den Mutigen gehört zu haben, und verpflichteten sich gegenseitig, diesen Fehler nie zu wiederholen, nicht zuletzt als Dank und aus Bewunderung für all jene, die den beiden Unterschlupf gewährt hatten, als die Deportation anstand, und die dafür selber alles riskierten. Unser Wissen, dass Aufrichtigkeit auch tödlich sein kann und doch die einzige Chance für eine Besserung der Verhältnisse ist, bedeutet immer auch die Anerkennung, dass es zu den Aufgaben des Menschen gehört, unter unwahren Bedingungen unwahr zu sein. Die natürlichen Gelegenheiten zur Wahrhaftigkeit sind rar. Wer mehr als das will, muss sich die Wahrheit leisten können.

Auch wenn die Höhe des Preises von den politischen Verhältnissen abhängt, lässt sich doch immerhin erklären, warum er immer wieder fällig wird. Wahrheit gefährdet nicht nur die Herrschaft der Diktatoren, weshalb sie in ihr auch sofort den Feind erkennen. Wahrhaftigkeit durchkreuzt jedes Machtverhältnis und damit auch diejenigen, die in der Lüge wirklich sind. Wer die Wahrheit sagt, wo alle anderen sich stillschweigend auf anderes geeinigt haben, legt unvermeidlich Machtverhältnisse bloß und mehr als das. Da diese Macht sich unausgesprochen verbreitet, also ohne das Prinzip der Täuschung nicht bestehen könnte, bedeutet ihr Benennen gleichzeitig ihr Ende. Noch die ganz unbedarft ausgesprochene Wahrheit ist immer der Spiegel, der auch die Lüge als genau das zeigt, was sie ist. Uns unvermutet einen Spiegel hinhalten, das dulden wir nur bei Kindern und den Narren.

Wer von Konventionen spricht und damit die vielen Fettnäpfchen meint, in die der eine ungestraft treten darf und der andere nicht, untergräbt schon damit die Autorität jener, die über Privilegien verfügen. Es ist daher nicht von ungefähr ein Testverfahren, die eigene Macht an dem offenen Aufruf zum Mitlügen zu erproben. Als Außenstehender übersieht man es leicht und lacht vielleicht sogar über einen vermeintlichen Deppen, der ein schwarzes Schild hochhält und dennoch ernsthaft verkündet: *Ihr seht doch auch alle, dass es weiß ist!* Bevor wir lachen, empfiehlt es sich allerdings abzuwarten, wie viele ihm zustimmen. Es geht nämlich nicht immer um eine neue Farbenlehre oder gar das Umschreiben der Geschichte. Wer seine Macht testen und damit auch beweisen will, hat schließlich gar nicht vor, jemanden zu belügen, und handelt auch keineswegs unklug. Wir sind mit dem Lügen als Werkzeug meist schon so gefordert, dass uns die Souveränität zum Perspektivenwechsel fehlt. Was hier geschieht, ist nicht Lügen, sondern die Aufforderung zur Lüge. Es ist die einzig wahre Inauguration: Der Lügner fordert vor den Augen der Welt dazu auf, bewusst das Unglaubliche zu glauben und damit die Machtkonstitution öffentlich zu vollziehen, die durch kein Symbol und keine Feierlichkeit je zu erreichen wäre – aber nun einmal auch durch keine Wahrheit. Denn Menschen, die sich dem Wahren verpflichten, bekennen sich zur Welt, also dem, was wir gemeinsam haben, weil wir uns alle in ihr zu orientieren versuchen. Menschen aber, die dem Aufruf folgen, eine Lüge zu konstituieren, verpflichten sich einem einzigen Menschen. Wenn Wahrheit ist, was uns verbindet, dann ist Lüge das, worin wir uns freiwillig aneinander ketten. Das nimmt nicht etwa dem Volk den Kompass, wie Hannah Arendt meinte, es ist vielmehr die gemeinsame Entscheidung, die Nadel neu auszurichten. Bei einem Autokraten reicht es vollkommen, ihm seine Mittel wegzunehmen, mit denen er die Untertanen einschüchtert, weil dann jeder sofort Gewalt ausüben kann, der sie in seinen Besitz bringt. Da bekanntlich auch der gewaltigste König einmal schlafen muss, genügt ein günstiger Moment, um ihn zu entwaffnen. Wenn aber die Gewalt vom Volke ausgeht, gibt es für den, der es anführen kann, nur noch die Macht, die man ihm einräumt, also einen Vertrag auf Gegenseitigkeit. Wir tun gut daran, nicht zu vergessen, dass die Lüge im Wesentlichen ein solcher Vertrag ist.

Allen Befürchtungen zum Trotz ist die Welt bisher nicht in der Lüge versunken, und man braucht auch keine Glaskugel, um vorherzusagen, dass sie das auch in Zukunft nicht tun wird. Lügen ist nur als Ausnahme von der Regel erfolgreich, und wenn wirklich einmal jemand auf die Idee käme, eine Gemeinschaft auf der Pflicht zum Lügen zu begründen, wäre das Resultat allenfalls Dichtung. Menschen suchen die Wahrheit nicht etwa, weil sie es gern wollen, sondern weil sie es müssen. Ohne die Wahrheit kämen wir nicht zurecht in einer Welt, die jeden Einzelnen überfordert. Wo es ohne Kooperation nicht geht, weil die Welt nun einmal für das Stellen der Machtfragen nicht empfänglich ist, wie jeder weiß, der schon einmal einem Vulkan das Ausbrechen verbieten wollte, kommen wir ohne Absprachen nicht aus. Selbst ein Volk von Teufeln, heißt es bei Immanuel Kant, muss das Problem der Staatserrichtung lösen, und noch die kleinste Gemeinschaft kommt nicht ohne Regeln zum Umgang mit der Wahrheit aus. Auch das Lügen muss sich an der Wahrheit orientieren, wenn es eine Wirkung in der Welt hervorbringen will, so wie auch ein Traum realistisch genug sein muss, um uns zu erschrecken. Es besteht also kein Anlass, mit einem «postfaktischen Zeitalter» zu rechnen, nur weil wir die von uns geschaffene Realität von Straßenschildern, Büchern und Fotos inzwischen durch die Möglichkeit zur internationalen Vernetzung erweitert haben. *Augmented reality* ist seit jeher das, was Menschen tun, wenn sie Zeichen setzen. Wer's mit dem Lügen allzu bunt treibt, wird zuverlässig von der Wirklichkeit geweckt, an der sich alles bewähren muss, was wir wagen.

Lügen ist ein Werkzeug zu allerlei Zwecken. Es ist nicht zuletzt die Fähigkeit, uns selbst zu verbergen und der Zudringlichkeit von Menschen zu entziehen, die uns näher kommen wollen, als wir sie gern hätten. Auch lässt sich schwerlich Erziehung denken ohne sie, denn ein Kind in voller Naivität auf die Welt loszulassen, wie sie ist, widerspricht jeder Klugheit, wenn man nicht große Freude daran verspürt, jemand noch mehr scheitern zu sehen, als man es selber erlebt.

Selbst beim Belügen in bester Absicht bleibt der Zweifel, der für Rudolph Zacharias Becker im Jahr 1781 das stärkste Argument gegen den Gedanken war, ein Volk zu seinem Wohle zu belügen: «Man sezze hierzu, (...) daß ein Irrthum, der in dem Geiste einmal Wurzel geschlagen hat, und in das Gedankensistem des Menschen verwebt ist, in seinem Einflusse nicht mehr auf diese oder jene Art der Gesinnungen und Neigungen eingeschränkt werden kann.» Unsere Fertigkeit zu lügen ist wie jedes Werkzeug, das in eine komplizierte Mechanik eingreifen muss, um sie anders auszurichten, nur schwer und oft gar nicht zu kalkulieren. Natürlich fühlt es sich gut an, wenn wir uns die Regel ausdenken, dass eine Lüge immer gerechtfertigt sei, wenn wir damit garantiert ein Menschenleben retten können. Es ist nur so, dass es Garantien dieser Art nicht gibt, weil die Mechanik, von der wir reden, nun einmal keine ist, wenn wir von menschlichem Handeln reden. Wenn wir aber schon in der Welt noch mit der freundlichst gemeinten Lüge Unheil anrichten können, was bewirkt sie dann im Denken? Können wir wirklich ausschließen, dass das, was als gelegentliche Lüge beginnt, am Ende alles durchwirkt? Oder müssen wir vielleicht sogar fürchten, dass die Lüge der Anfang von allem war?

Welt als Lüge

Mit der Unwahrheit kommt man
wohl bis ans Ende der Welt,
aber man kommt nicht zurück.
F. M. Dostojewski, russischer Schriftsteller,
Die Brüder Karamasov (1880)

Im 17. Jahrhundert machte René Descartes die Gegenprobe. Der französische Philosoph wollte wenigstens einmal das Experiment wagen und herausfinden, was übrig bleibt, wenn wir mit dem Zweifel Ernst machen. Wenn wir Sicherheit wollen, so beginnt seine Probe, dann streichen wir doch einfach alles weg, was uns einmal getrogen hat. Die Welt ist schnell erledigt, denn ich weiß von ihr überhaupt nur durch meine Sinne, die mich schon so oft getrogen haben. Also denken wir weiter ohne die Welt. Was ist mit meinem Körper? Auch den könnte ich mir bloß eingebildet haben, wie es schon oft war, wenn ich im Traum ganz sicher war, einen Körper zu haben, der herumspazierte, obwohl ich doch im Bett lag. Aber habe ich nicht Gedanken, Vorstellungen, Ideen? Aber sicher, antwortet sich Descartes, ich habe auch so grandiose Ideen wie die von Einhörnern und Engeln. Bliebe dann wenigstens das Rechnen? Die Mathematik? Die Argumentation? Nein, denn Ableitungen und Urteile sind ein Denken in der Zeit. Wenn ich aber in der Zeit denke, dann muss ich voraussetzen, dass es Stabilität gibt, also dass die Zahl, die ich eben noch dachte, auch dieselbe bleibt, wenn ich etwas mit ihr tun will. $1 + 2 = 3$? Woher weiß ich, dass die 1 noch eine 1 ist, wenn ich beim + angekommen bin? Wer oder was garantiert mir das?

Könnte es also sein, dass nichts Bestand hat? Dass alles nur erscheint und vergeht, also auch das Denken nur Zufall ist? Wer immer schon wissen wollte, welche Gestalt die Urangst des Denkenden annehmen kann, findet sie bei Descartes: Es könnte doch sein, dass ich, das Denkende, nichts bin als eine Laune im Zoo eines vergnügungssüchtigen Geistes, der sich einen Spaß daraus macht, alles ständig zu verändern und verschwimmen zu lassen, so dass ich nur glaube, etwas im Denken zu fassen, während alle meine Gedanken nur Fetzen der Einbildung sind. Die Ratte im Labyrinth hätte verglichen mit uns immerhin eine Chance, weil es einen Weg gibt, den sie nur finden soll, oder der Versuch wenigstens einen Aufbau hat. Aber was ist ein Denkender in der Welt dieses *Genius malignus*? Wo Halt finden, wenn jede Kontinuität nur Illusion ist, alle Form und Gestalt nur Einbildung, die unsere Hoffnung in den Nebel malt?

Die Antwort kennen Sie natürlich. Der Halt, das einzig Sichere ist das Bewusstsein, dass ich denke. *Ego cogito, ego existo. – Ich denke. Ich bin.* Die spröde und aus der Zeit gehobene Erkenntnis benennt nichts als den Moment, in dem ich mir bewusst werde, dass da doch etwas sein muss, das denkt, und das auch noch dann, wenn der Inhalt, also die Gedanken, alle unbrauchbar und irrig sein mögen. Was auch immer das ist, wie es aussieht und was es sich einbildet – es ändert nichts daran, dass ich mir bewusst werde, wann immer sich die Denkrichtung umkehrt: weg von den Dingen und der Welt, hin zu dem, was nach Dingen und der Welt fragen kann. Jeder, der sich schon einmal in einem Lügengespinst verloren hat, kennt wenigstens ein schwaches Beispiel für das, was Descartes hier beschreibt, aber damit auch gleich die nächste Schwierigkeit. Wer alle Fäden kappt und sich auf sich selbst besinnt, weiß damit noch lange nicht, wie es weitergehen soll. Dieses *Ich bin* gibt einen festen Punkt im Durcheinander, aber damit ist noch kein Weg zu sehen, wie daraus mehr werden könnte. Schon das «Ich denke, *also* bin ich» ist ein nächster und keineswegs leichter Schritt, denn als schließende Abfolge ist es schon wieder ein Gedanke in der Zeit. Ganz zu schweigen davon, dass man ja auch gern wieder ein denkendes Ding, eine *res cogitans*, werden würde, die außerdem einen Körper besäße und sich auf das Denken verlassen könnte. Kurz, man wäre gern wieder ein Teil der Welt, die aber wegen eines Betrügers immer noch durcheinander ist.

Die Idee von der Möglichkeit einer wesentlich täuschenden Welt, in der sich niemand zurechtfinden kann außer dem, der sie so eingerichtet hat, konnte Karriere machen, auch wenn kaum noch jemand von Descartes und seinem *Genius malignus* weiß. Genau dieser Gedanke liegt der profan gedachten Vorstellung einer Weltverschwörung zugrunde, auch wenn die meist in einer sehr irdischen Hexenjagd endet. Wir halten eine systematische Desorientierung der meisten Menschen durch einige Wenige für möglich, weil wir ahnen, dass es nicht viel braucht, um uns unsere eigene Wahrnehmung und unser Vertrauen in das Wissen grundsätzlich verdächtig zu machen. Aber nur wenige gehen dabei so weit wie Descartes und erlauben sich den Gedanken an eine Welt, in der es nichts Sicheres gibt; und nur die wenigsten gehen sogar noch über Descartes hinaus und erklären die Verlogenheit zur wesentlichen Natur des Sprechens.

Den anspruchsvollsten Versuch dazu unternahm niemand anderer als Martin Heidegger. Klar, wer sonst, möchte man denken. Wer hat denn in seinen *Schwarzen Heften* die

Verlogenheit zur einzigen philosophischen Methode erklärt, weil sich der wahre Denker alles Wesentliche erschweigt, vor allem aber nicht laut sagt, was er wirklich denkt, bevor die große Zeit des deutschen Denkens wiedergekommen ist? Der Philosoph aus Meßkirch verstand ohne Frage im und außer Dienst erschreckend viel davon, wie man anständig lügt. Aber Heidegger galt nicht ohne Grund als heimlicher König der Philosophie, als Hannah Arendt 1924 nach Marburg kam, um bei ihm zu studieren. Seine Vorlesung im vorhergehenden Wintersemester sprüht von brillanten Einfällen und dem Mut zur Tiefe, denen nicht ausweichen sollte, wer über Lüge und Täuschung nachdenken will. Drei Jahre vor seinem Hauptwerk *Sein und Zeit*, dem erfolgreichen Wurf, den er übrigens nach späteren Bekundungen bereute wie nichts sonst, verspricht Heidegger eine *Einführung in die phänomenologische Forschung*, erklärt aber vor allem, warum uns die Welt tatsächlich unheimlich sein kann. Es lohnt sich also, für einen Moment zu vergessen, was wir von Heidegger wissen und dass da in den nächsten Jahren zweifellos noch Schlimmeres kommt. (Wenn ich Ihnen in diesem Fall nicht empfehle, sich den Band 17 der Gesamtausgabe gleich selber zu kaufen, dann liegt es nur daran, dass man neben Heideggerianisch auch Griechisch und Latein lesen können muss, um etwas von dieser Anschaffung zu haben.)

Der Mensch kann lügen, sagt Heidegger, weil die Welt ihrerseits wesentlich täuschend ist. Die Tatsache allein, dass wir sprechende Wesen in einer Welt sind, «die in ihrem spezifischen Seinscharakter Täuschungsmöglichkeiten bietet», verweist uns auf einen inneren Zusammenhang. Es ist also, so die Behauptung, kein Zufall, dass wir Menschen über ein Werkzeug verfügen, das «Sprechen» heißt, das aber vornehmlich verdeckt und versteckt, statt Wahres zu vermitteln.

Die Möglichkeit, einander zu täuschen, liegt «nicht primär in einer verkehrten Auffassung, sondern im Seienden selber». Das «Seiende», das ist die Welt im Unterschied zum Menschen, der von seinem Sein und dem Ende weiß und darum «Dasein» ist. Heidegger spricht also nicht vom Menschen. Es ist schon die Welt, die uns nicht eindeutig ist, und das ist nicht etwa unser Fehler oder eine «schlechte Eigenschaft, die man überwinden muss», sondern es liegt am Seienden, an der Welt, wie sie ist. Auch Heidegger, das gilt es zu bedenken, will nicht über Ethik sprechen, sondern über Erkenntnistheorie, und auch dieser Mann konnte sehr verletzt reagieren, wenn man ihn belog. Hier geht es also nicht um eine vorsorgliche Selbstentschuldung, sondern um den Versuch zu verstehen. Es scheint doch so, als wäre die Täuschung deshalb eine Möglichkeit für den Menschen, weil die Tatsache, dass wir sprechen können, etwas mit der Verfasstheit der Welt zu tun hat. Ohne Sprache keine Lüge – das können wir Heidegger sofort zugestehen, wenn wir darunter die Möglichkeit der Mitteilung überhaupt verstehen, welches Zeichensystem oder System der Systeme auch immer gemeint sein soll. Aber wieso «Täuschungsmöglichkeiten der Welt»? Es sind wesentlich drei Gründe:

Die Welt ist so verfasst, dass Gegenstände der Welt für uns immer nur konkrete Gegenstände sind, die also in einer bestimmten Lage da sind – Kant würde sagen: an einem bestimmten Ort zu einer bestimmten Zeit in einem bestimmten Verhältnis zu anderem. Gegenstände sind für uns also immer auch die Umstände, in denen das erscheint, was wir bewusst genauer ansehen müssen, um es wahrzunehmen. Aber wenn wir es dann wahrnehmen, bleiben immer noch viele Möglichkeiten, darüber zu sprechen. Was Heidegger hier meint, ist eines der größten Probleme für jeden, der verstehen will, warum Menschen Gegenstände sehen können und nicht bloß eine unendliche Vielzahl gleichwertiger Sinneseindrücke haben. Schauen Sie sich an dem Ort um, an dem Sie sind, und fragen Sie sich, was dort für Gegenstände der Betrachtung sind, und schon werden Sie verstehen, was gemeint ist: Wir müssen immer erst entscheiden, worauf sich unsere Aufmerksamkeit konzentriert. Ist es die Wasserflasche oder der Verschluss oder das Etikett? Sprechen wir über die Einrichtung oder die Farbe eines Bilderrahmens? Interessiert uns die Teetasse, deren Hersteller oder der Geschmack des Getränks? Wir können nicht nur Gegenstände mit Namen versehen, wir müssen zuvor entscheiden, was genau wir benennen wollen. Dass der Mensch es kann, also ohne eine Musterschablone im Gehirn beliebig heran- und herauszoomen, gehört zu unseren größten Begabungen, die unser Denkvermögen so ungemein leistungsfähig machen, und doch hat die Hirnforschung bis heute noch nicht mal ein Areal in unserem Gehirn ausmachen können, das diese Leistung vollbringt. Während Kant hier empfehlen würde, genauer über die teleologische Urteilskraft nachzudenken, wenn man verstehen will, wie Menschen Gegenstände codieren, interessiert Heidegger etwas ganz anderes: Der Mensch kann nicht nur mit erstaunlicher Beliebigkeit Gegenstände konstituieren, über die er dann sprechen kann; wir müssen überhaupt erst einmal Gegenstände konstituieren, weil die Welt sie uns nicht einfach liefert. Eine Täuschungsmöglichkeit der Welt besteht in dieser «Umständigkeit»: Alles begegnet uns immer nur zusammen mit anderem. Wir sehen nicht einfach Dinge, wir sehen eine Mannigfaltigkeit und verengen schon dadurch, dass wir etwas benennen, weil wir es dann herauslösen und anderes nicht benennen. Ein Wort ist nicht der

Spiegel eines Dings, sondern eine Interpretation von etwas, in dem wir ein Ding sehen wollen. Weil ich das auf unterschiedlichste Weise und außerdem noch aus vielen Perspektiven kann, ist jedes Wort immer schon zu viel und zu wenig. Ein Wort allein auf Wahrgenommenes anzuwenden, täuscht über die anderen Möglichkeiten hinweg. Wer spricht, der tut so, als wäre eindeutig, was doch je nach dem Blick auf das Umstehende ganz anders zu benennen wäre.

Der zweite Grund dafür, dass die Täuschung möglich ist, hat mit Welterfahrungen zu tun, die für uns vor allem ein Nicht-Erfahren sind. Es gibt Dinge wie den Traum, es gibt Dunkelheit. Ein Phänomen verstört uns besonders: Es gibt Nebel. Wir würden gern etwas erkennen, aber es gelingt uns nicht. Heidegger nennt es «Entgänglichkeit der Welt»: «Die Dinge können uns entgehen, das heißt nicht, sie verschwinden.» Wir wissen, dass da etwas ist, aber wir sehen es nicht, sondern wir erleben notwendig den Mangel unseres Erkenntnisvermögens und die Hilflosigkeit, sich nicht mehr zurecht zu finden, ohne dass es unser Fehler wäre. Wir können fehlsehen und dabei auch übersehen, dass ein genaueres Hinsehen nichts nützt.

All das wird nicht leichter durch den dritten Grund der Täuschungsmöglichkeit, die uns die Welt, wie Heidegger es formuliert, «bietet»: Sprechen gibt uns zwar die Möglichkeit, Dinge zu benennen und so miteinander über die Welt zu sprechen. Aber dasselbe Sprechen ermöglicht uns auch das bloße «Nachsprechen» und «Mitsprechen», «eine eigentümliche Herrschaft, die die Sprache ausübt, insofern sie aus dem Umgang mit den Sachen verdrängt». In einfacheren Worten: Sprechen muss nicht notwendig bedeuten, dass wir einander die Welt erhellen. Es liegt in der Natur des Sprechens, dass wir manchmal auch nur noch meinen, über die

Welt zu sprechen, während wir tatsächlich nur noch über das Sprechen sprechen, so dass nach Aussage klingt, was nur Gesang ist, obwohl wir wissen, was Sprechen heißt.

Diese drei Möglichkeiten, sich zu täuschen, werden nicht etwa dadurch wirklich, dass wir nicht richtig auf die Dinge zugehen, also einfach nur gründlicher hinsehen müssten. Es liegt schlicht an der Welt, wie sie nun einmal ist, und an unserer Natur, dass Täuschung möglich ist. Hier täuschen nicht wir uns, sondern es ist die Welt, die uns täuschen kann, und es ist die Sprache, die Herrschaft über uns ausüben kann, weil ein unauflöslicher Zusammenhang zwischen unserer Fähigkeit zu sprechen und dem Zustand der Welt besteht. Damit geht Heidegger tatsächlich noch einen entscheidenden Schritt über Descartes und den *Genius malignus* hinaus: Lügen ist darum möglich, weil Täuschung eine Möglichkeit der Welt ist und wir ein Teil davon sind. Wir erlernen also die Möglichkeit, einander zu belügen, weil wir immer schon erfahren, dass sich Dinge der Welt falsch auffassen lassen. Wir lernen, mit anderen Worten, auch uns so falsch auffassen zu lassen wie die Welt.

Üblicherweise hoffen Erkenntnistheoretiker, dass die genaue Beschreibung unserer Fähigkeit, Dinge zu benennen und uns über sie auszutauschen, tatsächlich auch etwas mit dem Erkennen der Welt zu tun hat und nicht nur mit einem Spiegelkabinett unserer eigenen Täuschungen. Wir gehen also schon dann davon aus, dass Wissen und Wahrheit möglich sind, wenn wir uns die Frage stellen, was genau wir wissen können und was nicht. Dabei setzt auch die Theorie der Zeichen voraus, dass das, was wir Menschen treiben, wenn wir denken, nicht unabhängig von der Verfasstheit der Welt ist. Zeichen, so hoffen wir, können wirklich etwas repräsentieren, weil wir uns wirklich auf die Welt beziehen können, und das Kommunizieren hat deshalb einen Sinn, weil es tatsächlich möglich ist, die Welt zu meinen. Aber natürlich haben Descartes und Heidegger recht: Aus der Hoffnung allein folgt nicht, dass es wirklich so ist.

Es lässt sich bei Heidegger aber noch etwas anderes lernen, nämlich wie schnell uns bei einer so düsteren Lehre von der Welt die Perspektive verrutscht und das Denken ins Magische gerät. Auch wenn wir dem begabten Philosophen zutrauen können, dass er nicht ernsthaft einen betrügerischen Weltgeist predigen wollte, ist seine Wortwahl nicht immer so eindeutig, wie man es sich wünschen würde: Die «Täuschungsmöglichkeit der Welt» meint doch die gegebene Möglichkeit, dass wir uns täuschen, und nicht etwa, dass die Welt ihrerseits eine finstere Absicht mit uns verfolgt, uns also anlügt? Menschen vermuten gern eine heimliche Macht, wann immer ihnen unheimlich zumute ist. Und unheimlich ist es ja wirklich, dass wir zwar eindeutig ein Teil der Natur sind, aber sogar unsere eigene bisweilen als fremd empfinden können. Ob nun Descartes oder Heidegger, beide hatten den Mut, ein Unbehagen zu bedenken, das wir alle kennen: Woher können wir wissen, dass wir nicht immer nur das tun, was Italiener *dare corpo alle ombre* nennen, also den Schatten einen Körper geben? Und wie kommen wir aus dem Labyrinth all dieser Täuschungen und vor allem unserer Angst vor dem Nebel wieder heraus?

Fragt man die Biographen, ist die Antwort nicht zur Nachahmung zu empfehlen. Martin Heidegger kultivierte die Verachtung für das Nach- und Mitsprechen der anderen so weit, dass es ihn erst zu einer beachtlichen Kritik am gedankenlosen Leben führte, dann aber unaufhaltsam zum einsamen deutschen Herrendenker werden ließ, der er für den Rest seines Lebens blieb. Auch wenn die Macht, der er sich dann als Hohepriester andiente, das «Seyn» selbst war, zweifelte er nicht daran, dass alle sich von dem täuschen ließen, was nur er verstehen konnte, also auch von ihm. Als selbstermächtigter Herr über die Wörter brachte er es in Theorie und Praxis der Täuschung zur wahren Meisterschaft. Man wird kaum einen finden, der sich bewusster für das einsame Verlaufen im Denken entschied.

René Descartes, für den bei allem methodischen Zweifel der Scheiterhaufen eine sehr reale Möglichkeit war, bewies sich den im 17. Jahrhundert noch vorgeschriebenen Gott, der mächtiger als jeder *Genius malignus* ist. Dieser Gott, der niemals lügt, brachte zumindest Descartes sicher durch die Welt. Aber auch wenn wir Heutigen mit seinem Ausweg aus dem Labyrinth wenig anfangen können, verdanken wir Descartes doch einen unschätzbaren Hinweis, nämlich die Erinnerung daran, wie man überhaupt erst in solche Irrgärten gerät: Es ist ein Experiment des radikalen Denkens, es sind *Meditationen über die Erste Philosophie.* Die Frage nach der absoluten Wahrheit, die unvermeidlich in der Einsamkeit des *Ich denke* endet, sollte sich jeder in seinem Leben einmal stellen, aber eben auch nur ein Mal, denn in dieser Radikalität denken kann nur, wer dabei gemütlich am Kamin sitzt, warme Füße hat und ein Dach über dem Kopf, das den Regen abhält. Es ist die tiefste Erschütterung, aber eine in der Sicherheit des Lehnstuhls. Das Gleichgewicht, das wir suchen, gewinnt man nicht in der Sorge um den sicheren Halt, sondern aus der Konzentration auf die Bewegung. Am Ende gilt für den radikalen Zweifel an unseren Erkenntnisvermögen und an der Welt dasselbe wie für unsere Angst, noch einmal belogen zu werden: Die Frage ist, wie viel von der Erschütterung wir mitnehmen, wenn wir wieder aufstehen und in das Leben zurückkehren, in dem wir trotz der umständlichen und zuweilen entgänglichen Welt und den lügenden und leichtgläubigen Menschen doch in der Lage sind, einen Tee zu finden, wenn wir ihn gern hätten, und einen Menschen dazu einzuladen, einfach dadurch, dass wir ihm etwas sagen und er es versteht.

Was also nehmen wir mit aus diesem Abstieg in die Unterwelt des Denkens?

Es ist die Erinnerung an den Grund, ein solches Experiment zu wagen, die Frage nämlich, ob auch dann etwas jenseits der Täuschung sein könnte, wenn wir nicht nur nach der Wahrheit fragen, weil wir keine Wahl haben, sie also gerade unbedingt brauchen. Denn auch wenn wir bereit sind zu akzeptieren, dass unser Erkenntnisvermögen unvollkommen und die Welt weiter weg von uns ist, als wir es gern hätten – wir sind offensichtlich nicht bereit, die Chance aufzugeben, dass wir gemeinsam schaffen, woran die Einzelnen notwendig scheitern.

Im Blick des anderen

Es gab nie ein moralisches Nirwana
in Amerika oder sonst irgendwo, sondern nur
eine Zeit, in der es schwerer war,
Lügen zu erzählen, und in der
die Konsequenzen schwerwiegender waren,
wenn man erwischt wurde.
Ralph Keyes, amerikanischer Publizist,
The Post-Truth Era (2004)

«So bin ich denn allein auf dieser Erde, habe keinen Bruder mehr, keinen Nächsten, keinen Freund, keine Gesellschaft außer mir selbst.» Der einsame Denkweg hat nicht nur in der Philosophie eine lange Tradition, vor allem wenn es um die Lüge geht. Der Gesellschaftskritiker Jean-Jacques Rousseau hat im 18. Jahrhundert nur zu Literatur gemacht, was seit je als Methode des Denkens gepriesen wird. Seine *Träumereien des einsamen Spaziergängers* sind jene grüblerischen Einzelgängereien, die zwischen Misanthropie und Selbstzerfleischung ihren halbwegs sicheren Pfad gefunden haben. Man kann beherzt auf all die Ungereimtheiten schimpfen, solange man sich auch selber reuig zeigt, denn immer geht es um die Schuld. Rousseaus vierter Spaziergang ist ein Seufzer über die Lüge, wie ihn jeder sofort erkennt: Bin ich denn wirklich so ehrlich, wie ich es gern wäre, und sind vielleicht die anderen dafür verantwortlich, dass ich es nicht bin und auch nicht werden konnte? Es ist natürlich der Lügner, der hier durch die Natur geht, die keine lästigen Fragen stellen kann, weil sie von seiner Schuld nichts weiß. Weil Rousseau, wenn man es denn so freundlich sagen möchte, ein großer Kompilierer war, weiß er sich galant bei allem zu bedienen, was dem Leser die Illusion leichtmacht, dass hier auch seine Sache verhandelt wird. Und wie es sich für die Bekenntnisliteratur gehört, darf am Ende das schonungslose Eigenlob nicht fehlen: «Ich verlieh der Wahrheit manchmal fremde Reize, aber nie bediente ich mich der Lüge, um meine Fehler zu bemänteln oder mir Tugenden anzumaßen» – außer natürlich dieser.

Das Vertrauen darauf, dass aus der menschlichen Gesellschaft irgendetwas Gutes kommen könnte, war bei dem französischen Philosophen bekanntlich winzig klein. Nur der natürliche Mensch ist auch ein guter Mensch, vor allem aber ist er sich selbst alles. Er braucht kein Wir und erst recht nicht die Überlegung, ob es noch einen ganz anderen Wert geben könnte, als allein das absolute Ganze zu sein. Wenn er an Menschen denkt, dann sind es nur noch die anderen, die ihn hassen, sich gegen ihn verschwören und grundsätzlich alles verfolgen, was ihm lieb ist. Haben sie überhaupt die Wahrheit verdient? Schuldig bin ich Aufrichtigkeit vor allem mir selbst, und deshalb ist das Verwerflichste am Lügen, dass ich die Pflicht versäumte, die ich meiner eigenen Würde schuldig bin. Und dann seufzen wir alle noch einmal mit und gehen an unser Tagwerk zurück, denn was soll man in einer verlogenen Welt sonst auch machen?

So wie René Descartes versuchte, die Täuschung zu vermeiden, kann man selbstverständlich auch die Lüge vermeiden. Das Einzige, was es dazu braucht, ist die Bereitschaft, menschliche Gemeinschaft konsequent zu verweigern und mit der eigenen Gesellschaft zufrieden zu sein. Bekanntlich liegt es aber nicht nur an der Begrenztheit von Rückzugsorten, dass nur die wenigsten diesen Gedanken verlockend finden. Der Mensch ist ein geselliges Tier, das die anderen sucht, auch wenn es das nicht müsste. Tatsächlich würden wir gar nicht über den Nachteil der Lüge nachdenken, wenn uns das Leben mit anderen Menschen nicht beigebracht hätte, was Wahrheit vermag. Ein Wesen mit einem begrenzten Denkvermögen, das immer an seine Zeit und seinen Ort gebunden bleibt, wenn es auf die Welt sieht, käme im Erkennen ohne die anderen, die ihre Erfahrung mit ihm teilen, nicht weit. Denn allen Seufzern über die grundverlogene Welt zum Trotz ist die Wahrheit doch längst überall dort, wo Menschen gemeinsam die Welt verändern. Es ist das Ziel, das sie notwendig macht, und es ist die Wirklichkeit, die uns unbestechlich zeigt, dass es Folgen hat, wenn wir es ohne Aufrichtigkeit versuchen. Wer miteinander ein Haus bauen will, merkt schnell, ob jemand auch weiß, was ein rechter Winkel ist, oder es nur behauptet. Sobald sich Menschen in ihrem zweckrationalen Interesse einig sind, verliert das Lügen Spielraum und vor allem Reiz. Mit listiger Taktik lässt sich vielleicht eine Kathedrale finanzieren, aber dadurch steht noch nicht einmal eine Hütte.

Jeder Mensch will die Wahrheit, wenn er sie braucht. Was aber wäre, wenn wir nach ihr fragten, ohne schon zu wissen, ob wir sie benötigen? Und wen können wir nach ihr fragen, wenn jeder Gottesbeweis doch von uns abhängt und das Seyn uns nicht antwortet? Wie finden wir jemanden, mit dem man einfach nur spazieren gehen kann, ohne schon zu wissen, wohin der Weg geht? Vor allem, wie geht man überhaupt, ohne dass die Lüge immer mitgeht?

Da wir uns nicht ohne Grund immer wieder voreinander verbergen, wollen wir Vorkehrungen treffen, bevor wir das Risiko wagen. Was läge also näher als der Gedanke, erst einmal zu testen, bevor man vertraut? Die Vorstellung, man müsse allen anderen von Grund auf misstrauen, bis sie ihre Vertrauenswürdigkeit bewiesen haben, beruht auf einer jener Rechenoperationen, über die nur wenige Genaueres wissen. Was man in der mathematischen Statistik die Nullhypothese nennt, hat nämlich ganz eigene Tücken. Den meisten Menschen fehlt die Begabung zur statistischen Vorstellungskraft, was dazu führt, dass sie Lotto spielen oder aus Zahlen wie dem Durchschnittsalter ihre Lebenserwartung ausrechnen. Aber weil es hier doch wichtig ist und es nicht zuletzt um eine Methode geht, die auch von der forensischen Psychologie übernommen wird, kommen wir nicht darum herum, die Sache zu verstehen.

Am Anfang der Rechnung, für die man eine Nullhypothese braucht, steht immer ein Verdacht, also zum Beispiel der, dass ein bestimmter Stoff eine Allergie auslöst. Die Nullhypothese macht aus dem Verdacht einen Testlauf, indem sie die Erwartung auf null setzt und behauptet, dass es genau so nicht sei: Probeweise soll gelten, dass der Stoff keine Allergie auslöst. Und dann betrachtet man seine Patienten und schaut nach, ob etwas dieser Hypothese widerspricht. Auf diese Weise finden Forscher schnell einen Hinweis, welche Idee etwas mehr Untersuchung lohnt, weil sie schon auf den ersten Blick nicht erfolglos scheint. Wenn sich aber kein Patient findet, der die gesuchten Symptome aufweist, heißt das darum noch lange nicht, dass damit die Unbedenklichkeit des Stoffes bewiesen wäre. Wer als Annahme über die Wahrscheinlichkeitsverteilung einer Zufallsvariablen den Wert 0 ansetzt, kann so nie den Beweis führen, dass der Wert auch 0 ist. Darum verwendet man dieses Verfahren auch üblicherweise, um Indizien für das Gegenteil zu finden.

Wer denkt, dass sich ein Lügner dadurch sicher erkennen lässt, dass er bereits einmal gelogen hat, macht schon einen simplen Rechenfehler, ganz unabhängig davon, dass die menschliche Freiheit radikal ist und auch keine noch so gepflegte Haltung ändern kann, dass ein Mensch lügen kann, wann immer er will. Was so abstrakt klingt, ist tatsächlich eine Denkfalle, in die wir ständig laufen. Das ist auch dafür verantwortlich, dass uns eine erfolgreiche investigative Recherche über einen Haufen Steuersünder nicht freuen kann, ohne dass wir sofort auf den Gedanken verfallen, dass das sicher noch nicht alles ist. Auch ein Politiker, der es mit der Verwendung öffentlicher Gelder nicht so genau nimmt, lässt uns auf der Stelle schließen, dass vermutlich alle Politiker korrupt sind und wir es nur noch nicht bemerkt haben. Für die Hoffnung, gemeinschaftlich etwas mehr Wahrheit und weniger Lüge zu schaffen, sind solche Rechenschwächen natürlich nicht gerade hilfreich. Wer erst anfängt, in Wahrscheinlichkeiten zu denken, wenn es um die Lüge geht, kommt aus seiner Einsiedelei erst recht nicht mehr heraus.

Für den Statistiker ist die Antwort ganz einfach: Wer wirklich das Risiko der unbedingten Wahrhaftigkeit eingehen will, muss erst vertrauen und dann zusehen, was daraus wird. Wer nicht nur sagen, sondern auch wissen will, was möglich ist, hat keine andere Wahl, als das Scheitern zu ermöglichen.

Die Hoffnung, dass unsere Erfahrung mit der Wahrheit, die wir im Wir der Gemeinschaft machen können, uns etwas Hilfestellung bieten könnte, ist eine Verwechslung von zwei grundverschiedenen Möglichkeiten des Umgangs mit der Wahrheit. Das, was wir tun, wenn wir unsere Erkenntnisse und Gedanken mit denen teilen, die uns helfen sollen, ein Ziel zu erreichen, heißt Aufrichtigkeit. Es ist ein begrenztes Wahrheitsversprechen, das allein auf das Nutzbare und Praktikable beschränkt ist. Aufrichtigkeit bedeutet, dass alles, was man sagt, auch dem entspricht, was man für wahr hält. Wir wissen, dass unsere Erfahrungen und Ideen benötigt werden, weil sie das gemeinsame Wissen vermehren, das uns allen die Kraft gibt zu erreichen, was wir uns vorgenommen haben. Unsere Aufrichtigkeit ist erwünscht, denn wir haben etwas anzubieten, mit dem andere etwas anfangen können. Wer sich aber nicht nur in pragmatischer Begrenzung der Wahrheit verpflichten will, sondern die einseitige Abrüstung wagt, auf seine Möglichkeit zu lügen bedingungslos zu verzichten, verspricht Offenheit, die etwas ganz anderes als Aufrichtigkeit ist. Offenheit bedeutet, alles zu sagen, was man denkt.

Was wir dem Blick der anderen aussetzen, wenn wir aufrichtig sind, sind unsere Überzeugungen und unser Wissen von der Welt. Was ich jedoch entblöße, wenn ich mich entschieden habe, offen zu sein, das bin ich. Wenn Aufrichtigkeit scheitert, wird ein Irrtum sichtbar, der uns zwar unangenehm genug ist, aber sich doch meist gemeinsam korrigieren lässt und uns erlaubt, von dem Wissen der anderen zu profitieren, also zu lernen. Wenn Offenheit scheitert, misslingt sie nicht nur, sondern wird zur persönlichen Katastrophe. Und doch hat der keine Wahl, der wissen will, ob es für uns einen Dialog jenseits der Macht überhaupt geben kann.

Der Wille zum Du

Dass die anderen die Hölle sind, bleibt wahr im ganz spezifischen Sinne meiner Ausgesetztheit vor ihrem Blick. Desgleichen aber ist die Hölle eine Welt ohne die anderen, in der mein Ich kein anderes aufsaugen kann und von keinem anderen vermißt wird.
Jean Améry, österreichischer Schriftsteller,
Unmeisterliche Wanderjahre (1971)

Die anderen und das Wir sind eine Wirklichkeit, in die der Mensch geboren wird. Die Wahl, sie gar nicht kennenzulernen, hat man nicht. Erwachsen werden heißt immer auch zu lernen, wie man sich in diesem Wir bewegt, indem man sich das Wissen und die Sprache aneignet, die eine jeweilige Gesellschaft ausmachen. Die anderen sind schon ein Teil unserer Welt, bevor wir nach ihr fragen können. Wer sich tatsächlich entschließt, die Gemeinschaft der Menschen irgendwann zu verlassen, wird dennoch nicht aufhören, sich im Verhältnis zu den anderen zu denken. Je mehr man sich bemüht, davon wegzudenken, desto unvermeidlicher begleitet der Gedanke an sie noch den einsamsten Spaziergang, denn die anderen gaben uns überhaupt eine Vorstellung von Einsamkeit als dem Gegensatz zum Wir. Aber das ist bei weitem noch nicht alles, was der Mensch der Gemeinschaft verdankt. Die anderen sind auch der Spiegel, in dem wir erkennen, dass wir eine Person sind und nicht etwa nur das Bündel an Gedanken und Gefühlen, so wie René Descartes es in seinem Experiment beschrieb. Unsere Fähigkeit, uns selber zu erleben, führt nie zu einem einheitlichen Bild. Wir haben das Problem des Landvermessers: Wir können das Gelände noch so methodisch kartographieren, ja, sogar mit Hilfe unserer Karten halbwegs navigieren, aber wie der Planet wirklich aussieht, zeigt erst die Außenperspektive. Ohne den anderen, sagte Hannah Arendt ganz richtig, wüsste niemand, dass er Einer ist. Die Gemeinschaft zeigt uns aber auch sofort, dass wir einer von vielen sind, die einander wahrnehmen können und dabei doch nie alles sehen, was jeder Einzelne von sich weiß. Ein Teil des Wir zu werden bedeutet immer beides: sichtbar und unsichtbar zu sein. Denn wir tarnen nicht nur, was wir denken und fühlen, wir müssen vielmehr unseren Gedanken und Gefühlen überhaupt erst Ausdruck verleihen, damit jemand außer uns davon wissen kann. Weil wir das müssen, können wir auch anders erscheinen. Wir können uns tarnen wollen oder sogar auf Täuschung aus sein. Die anderen, die das genauso können, wissen, *dass* wir sind, sie haben auch einen Begriff davon, *wer* wir sind, und können uns bei einem Namen rufen. Aber *was* wir sind, das bleibt so lange das Geheimnis des Einzelnen, bis er es preisgibt.

Das ist der Grund, aus dem ein Denken weltlos wird, das die Wahrheit im Ich oder der Eigentlichkeit sucht, nur weil man meint, dass es den Dialog auch als Selbstgespräch gäbe. Aber weil wir zu diesen Denkexperimenten in der Lage sind, können wir uns auch fragen, ob Menschen einander mehr sein können als ein Werkzeug zur Verwirklichung von Zwecken oder der Spiegel, vor dem sich das eigene Aussehen korrigieren lässt.

Ein Du ist kein Teil der Welt, den ich vorfinden könnte wie das Wir. Es ist auch keine biologische Notwendigkeit, denn dass wir gesellige Wesen sind, garantiert der Gattung den Fortbestand und auch die Sorge um das Wohlergehen der anderen, weil sie zu der Welt gehören, in der man lebt. Wer außerdem nach Gerechtigkeit strebt, kann das nur auf der Grundlage der prinzipiellen Gleichheit aller heutigen und künftigen Mitglieder der Gemeinschaft, und wenn es um Vernunftrecht geht, unter der Idee der Menschheit. Noch nicht einmal unsere reflektierende Virtualität, unser begriffliches Denken, ist abhängig von der Vorstellung eines Du, wie sich unschwer mit dem Hinweis auf eine über zweitausendjährige Philosophiegeschichte beweisen ließe, die zumeist bestens damit auskommt, ohne einen Gedanken daran zu verschwenden. Dass der Mensch dennoch einen Begriff vom Du gewinnen kann, dem etwas entspricht, obwohl wir es nicht konstituieren, erscheint wie ein Rätsel, jedenfalls so lange, bis wir darüber nachdenken, was die Lüge ist.

Zur Erfahrung, dass es möglich ist, jemandem zu glauben, der lügt, gehört auch das Erleben, wie sehr sich ein Dialog zu ändern vermag, wenn jemand nur für uns allein spricht und dabei das Bild einer Welt entwirft, das uns verführt, die Wirklichkeit nicht mehr mit eigenen Augen zu sehen. Im erfolgreichen Lügen steckt ein Maß an Verstehen davon, wie jemand fühlt und denkt und sich die Welt vorstellt, das sich wesentlich von dem praktischen Interesse unterscheidet, mit dem Menschen sich gewöhnlich begegnen. Der gewöhnliche Umgang hat sich als sehr nützlich und auch leistungsfähig erwiesen. Auch kommen uns die Zweckbündnisse auf Zeit ganz natürlich vor, zumal sie unser Leben abwechslungsreich gestalten und unseren eigenen Interessen einen großen Spielraum lassen. Dennoch bleibt von der Lüge eine besondere Erinnerung. Belogen zu werden setzt eine Zuwendung und einen Blick auf uns voraus, der eine andere Wirkung hat, eine Wirkung, die sich so schwer vergisst, dass wir versucht sind, sie zu verdrängen. Dass wir dieser Zuwendung mit unserem Zutrauen begegnet sind und allein dadurch Neues entstand, lässt, auch wenn es sich dann als weltlos erwies, die Frage zurück, was wohl entstehen könnte, wenn der andere kein Lügner gewesen, der Dialog also nicht eine Lüge, sondern die Wahrheit gewesen wäre. Die Erfahrung, was möglich ist, wenn uns jemand wirklich erkennt, macht nicht nur Angst. Es ist auch das Erleben einer Wirklichkeit, die uns zuvor nicht begegnet ist: die Wirklichkeit des gemeinsamen Denkens. Auch wenn die Lüge keine gemeinsame Interpretation der Welt ist, kann sie doch nur als solche erscheinen, weil es dem Lügner gelang, für einen Moment nicht nur sein Denken mit meinem zu synchronisieren, sondern das Zusammenspiel der Erkenntnisvermögen zu ermöglichen. Die Lüge hat unseren Blick für das Mögliche erweitert und das einfach dadurch, dass sie kein einsames Denken war.

Der Wunsch nach dem Blick eines anderen, der uns sehen kann wie ein Lügner und das dennoch nicht nutzt, um gegen uns zu handeln, wird zur Bereitschaft, die Offenheit zu wagen. Wir wollen herausfinden, ob es das gemeinsame Denken wirklich gibt, auch ohne dass es zu dem Weltverlust führt wie die Lüge. Wer das nicht mit romantischer Schwärmerei verwechselt, sondern sich daran erinnert, dass wir immer noch über Erkenntnistheorie reden, der weiß um das Risiko eines solchen Experiments, aus dem es ein Zurück nicht gibt, sondern allenfalls einen Neuanfang nach einer Enttäuschung, die uns beschämt. Wer darauf hofft, dass ihn wenigstens das falsche Vertrauen ehrt, so mahnte Karl Jaspers in *Von der Wahrheit* jeden, der das Wagnis dennoch eingehen will, macht sich aus moralischem Dünkel zum Schwächeren, der wir aber nicht sein dürfen, wenn wir uns als Gleichwertige begegnen wollen: «Wir müssen das Mögliche sehen und es hervorlocken durch das Risiko der eigenen Offenheit. Ich bin verantwortlich dafür, daß meine Offenheit echt und nicht zweckhaft, daß ich sie selbst bin und sie nicht ein verfügbares und einschränkbares Mittel für mich wird, – und verantwortlich dafür, welchem Menschen ich vertraue, wie das Vertrauen erwächst, sich bestätigt oder enttäuscht.»

Wer diesen Schritt noch nie gewagt hat, darf selbstverständlich fragen, ob es wirklich etwas gibt, das dieses Risiko rechtfertigt.

Vom dialogischen Denken

Und leih mir Deine Träume,
damit ich spielen kann.
Fernando Pessoa / Alberto Caeiro,
portugiesischer Schriftsteller,
Der Hüter der Herden
(Anfang 20. Jahrhundert).

Der größte Irrtum über die Lüge gründet in einer männlichen Angst. Wer es schwer hat zu verbergen, wenn er begehrt, fürchtet notwendig diejenigen, die es können. Wenn Sie jetzt Ihrerseits fürchten, dass ein Weiterlesen unvermeidlich dazu führen könnte, dass Sie erröten, dann erleben Sie am eigenen Leibe, warum Menschen das Bedürfnis verspüren können, sich zu verbergen und gleich darauf zu lügen, damit es keiner merkt. Vor allem aber erfährt man, wie schwer das sein kann, wenn das, was wir verbergen müssen, eine Reaktion ist, die uns so gefangen nehmen kann wie Verlegenheit und Scham. Und dennoch kann niemand nach der Lüge fragen, ohne über einen Unterschied zu sprechen, der den Wunsch nach Schutz vor den Blicken der anderen größer werden lässt als alles andere. Wer nur die Wahl zwischen Abstand und Bekenntnis hat, sieht anders auf das Phänomen der Lüge, weil er zurecht fürchten muss, dort belogen zu werden, wo er nicht anders kann, als eindeutig sichtbar zu sein. «Kant hätte den vorgetäuschten Orgasmus ganz sicherlich als eine Lüge angeprangert», schrieb Jacques Derrida 1997 in seinen *Prolegomena einer Geschichte der Lüge,* «da er ja vorsätzlich dazu bestimmt ist, den anderen zu täuschen, sei es auch zum Wohle, zum angeblichen Wohle des anderen.» Und natürlich hat Derrida völlig recht. Auch wenn Kant vermutlich nicht über denselben Vorzug der Erfahrung verfügte wie Derrida: Natürlich handelt es sich um Lügen, wenn eine Frau nur vortäuscht, die Lust zu empfinden, die der Inbegriff des intensiven Erlebens dessen ist, was es bedeutet zu sein. Wer die sexuelle Begegnung nicht nur für Selbstbefriedigung mit verfeinerten Mitteln hält, sucht die gemeinsame Erfahrung offen gezeigter und erlebter Begierde und keine Theatervorstellung. Gerade weil höchste Lusterfahrung immer auch ein Kontrollverlust ist, möchte man in diesem Zustand auch nur von denen gesehen werden, die sich genauso offen zeigen. Es ist eine biologische Tatsache: Frauen können Lust und Ekstase vortäuschen, Männer nicht. Nur unerfahrene Menschen wollen die Hoffnung nicht aufgeben, dass es einen Weg gebe, die bloße Simulation eines Gefühls auch bei der Frau sicher zu erkennen, die sehr gut weiß, was es da zu simulieren gilt. Welche Frau könnte es also einem Mann verdenken, wenn er genau hier, in seinem unüberwindlichen Ausgeliefertsein an die Bereitschaft eines anderen, ihm die Wahrheit zu sagen, die Wurzel allen Lügens erblicken möchte? «Mehr als eine Vorlesung wäre darüber zu halten, was die Geschichte der Lüge mit der Geschichte der sexuellen Differenz, der Geschichte der Erotik und ihrer Interpretation verbindet, ohne je auszuschließen, ganz im Gegenteil, dass das Paradigma der Lüge in einem wesentlichen Zusammenhang mit der sexuellen Lusterfahrung steht.»

Die Furcht vor dem, was wir sehen müssten, wenn sich die Lüge rigoros verbieten ließe, ist nicht kleiner als die Sorge, ein Getäuschter zu sein, der sich nur an der Illusion erfreut, etwas mit dem wichtigsten aller Lustgefühle zu tun zu haben, wenn er Frauen liebt. Wäre dies eine Abhandlung über die sexuelle Erfahrung, dürfte hier natürlich der Hinweis nicht fehlen, dass dieses Schicksal keineswegs nur Männer trifft. Der Umstand allein, selbst eine Frau zu sein, schützt einen keineswegs vor der Möglichkeit, von einer anderen derart getäuscht zu werden, wie Ihnen, sofern Sie nicht selber eine sind, die eine oder andere Frau bestätigen wird, die einmal unüberlegt zu irgendeiner Frauenärztin ging, weil sie dem Trugschluss zum Opfer fiel, dass Frausein völlig ausreicht, um auch zu wissen, wie sich was anfühlt. Aber da dies hier nur ein kleines Buch über die Lüge ist, dürfen wir uns alle wieder entröten, wenn wir denn Derrida wenigstens in einem ernst nehmen: Wer einen Zusammenhang der Lüge mit der Lusterfahrung für möglich hält, setzt aus der Erfahrung einer großen Kränkung einen Begriff der Lüge voraus, der die Möglichkeit ihrer Überwindung mit dem Gedanken an eine noch viel größere Kränkung verbindet. Es ist die Verwechslung von Lügen und Lüge, die dazu führt, dass man sich Offenheit nur noch als Striptease vorstellen kann, der wiederum eine zweckhafte Veranstaltung ist, über die man ungern spricht. Wenn aber die Lüge ein Dialog ist, dann gilt das auch für die vorgetäuschte Lust, in der eine das Unwissen eines anderen strategisch nutzt und, was es noch schlimmer macht, einzig zu dem Zweck erhält, um einen Eindruck zu erwecken, den nur für glaubhaft halten kann, wer die Grenzen seines Wahrnehmungsvermögens nicht kennt. Das tatsächlich schwerwiegende Problem genau dieses Beispiels für eine Lüge ist also nicht etwa gekränkte männliche Eitelkeit. Darüber nachzudenken ist wichtig und nicht etwa Freude am Frivolen, weil hier wie selten sichtbar wird, warum die Lüge die Möglichkeit der menschlichen Erkenntnis in ihrem Wesen begrenzt: Lügen verhindern nicht nur, dass wir sehen, was ist; sie beschränken auch unsere Möglichkeit herauszufinden, was Wahrnehmung sein könnte, wenn Menschen nicht ständig fürchten würden, wahrgenommen zu werden.

Der Mensch ist das einzige Ding in der Welt, das wir nicht nur berühren, benennen, beschreiben und erkennen können, weil es uns korrigieren kann, wenn wir im Konstituieren eines Gegenstands Fehler begehen. Allerdings sind auch andere Lebewesen in der Lage, sich uns zuzuwenden und unseren Fragen an sie entgegenzukommen. Ein Hund oder eine Katze können kund tun, dass sie etwas von uns möchten oder unsere Gegenwart angenehm finden. Aber nur der Mensch kann sich entscheiden, uns seine Zuwendung nicht zu entziehen, weil er um ihre Grenze weiß und ermöglichen will, sie zu verschieben. Der Mensch kann auch unabhängig von moralischen Erwägungen mehr für uns sein als bloß ein weiteres uns entgegenkommendes Leben, mehr als ein weiteres uns entgegengebrachtes Interesse. Wir können einander nicht nur unserer Erscheinung versichern oder gemeinsam die Welt erkunden, indem wir die Perspektiven vermehren und unsere Erfahrung durch die eines anderen erweitern. Wir besitzen nicht nur die Fähigkeit, die Grenzen der Wahrnehmung und der Interpretierbarkeit der Welt gemeinsam zu erörtern, also beispielsweise eine Kritik der Vernunft zu schreiben, damit andere sie lesen und mit ihrem Denken vergleichen können, aber wir können noch mehr. Darüber hinaus vermögen wir, einander bewusst ein Gegenstand zu sein. Wir können stillhalten, wenn ein Mensch nach Erfahrung sucht. Wir können jemanden den Teil der Welt, der wir sind, mit all seinen verschiedenen Erkenntnisvermögen erfahren lassen und ihm dann sagen, wo genau er sich geirrt hat. Wir können ihm sagen, dass das, was er zu erkennen glaubte, nur eine Wahrheit für ihn, aber keine

Wirklichkeit ist. Menschen, die es wagen, einem anderen ein Du zu sein, wenden sich ihm mit der Bereitschaft zu, in einem Ausmaß erkennbar und transparent zu werden, wie es nur der Teil der Welt vermag, der bewusst zulässt, dass ein gesichertes Erkennen jenseits dieser natürlichen Grenze möglich wird. Ansonsten können wir nur dann etwas von unseren Projektionen auf die Welt erfahren, wenn wir uns unsanft an ihr stoßen oder im bewussten Denken nach dem Anteil fragen, den ein Wesen mit unseren Werkzeugen der Wahrnehmung am Wahrgenommenen hat. Wenn aber ein Mensch bereit ist, unserer Zuwendung standzuhalten, damit man ihn erfahren kann, ermöglicht uns das zu erleben, wo die Spiegelungen aufhören und die Wahrnehmung die Wirklichkeit trifft. Ja, noch die Stadien der Annäherung und des Abwendens, des Öffnens und Verbergens, also alle Mittel, mit denen wir bewusst Erfahrung verhindern oder verfälschen können, lassen sich sichtbar und fühlbar machen, auf dass der andere, vor dem wir uns sonst auf genau diese Weise verbergen, genau darüber mehr lernen kann. Was es wirklich heißt, die Welt zu berühren und nicht nur etwas, was wir dafür halten, kann nur der erfahren, der auf ein Stück Welt trifft, das bereit ist, ihm zu helfen. Erst wenn uns jemand erlaubt, die Grenze zwischen dem Erkennenden und der Welt mit Bewusstsein zu übertreten, erschließt sich uns unsere Begrenztheit wirklich. Die Zuwendung eines Menschen als Du hat ebendarum auch mit Hingabe gar nichts zu tun, weil Stillhalten das gerade Gegenteil von Selbstaufgabe ist.

Die spezifisch menschliche Fähigkeit, durch bewusstes Denken eine Distanz zum Faktischen zu gewinnen, erlaubt nicht nur, über unser Wissen und die Welt anders zu verfügen als andere Lebewesen es können. Es ist auch die Fähigkeit, einem anderen bewusst ein Faktum zu sein, damit der erfahren kann, was Nähe und Distanz, Identität und Differenz jenseits der Grenzen bedeuten, die unser Erkenntnisvermögen uns im einsamen Denken setzt. Bewusste Offenheit ist auch mehr als nur der Versuch, auf die Möglichkeit zu lügen zu verzichten. Es ist die Bereitschaft, dem anderen zu zeigen, was lügen tatsächlich ist und wann aus dem Dialog die Wirklichkeit entsteht, die wir Lüge nennen.

Wenn wir mit dem Schritt in dieses nie zu begründende Vertrauen dennoch darauf rechnen können, dass uns auch ein anderer als Du begegnen wird, nur weil wir es gewagt haben, dann liegt es daran, dass die Offenheit eine Folge für das eigene Erkennen hat, die dem nicht gleichgültig sein kann, der von unserer Zuwendung profitiert. Wenn wir einem anderen erlauben, sein Wissen über die Grenze von Ich und Welt, Verbergen und Preisgeben dadurch zu erweitern, dass wir stillhalten, blicken wir selber ohne funktionales Interesse auf den, der die ihm gebotene Offenheit nutzt. Und wie immer, wenn der Mensch es schafft, die Perspektive einzunehmen, die Immanuel Kant das uninteressierte Wohlgefallen nannte, erhellt sich uns unvermeidlich die Welt. Das gilt auch für das Denken und Fühlen des Menschen, für den wir stillhalten. Es ist ein erstaunliches Phänomen: Damit aus dem Verzicht auf die Möglichkeit zu lügen tatsächlich ein Dialog jenseits der Macht wird, muss auch der andere sich entschließen, sich uns genauso offen zuwenden. Ansonsten begreift er nicht, was überhaupt geschieht, und unterschätzt die Folgen seiner eigenen Naivität. Wer meint, man könne die Offenheit eines anderen für einen anderen Zweck nutzen als den des gemeinsamen Denkens, gibt damit genau das preis, was er doch unbedingt verbergen möchte, nämlich sich selbst.

Auch wenn es paradox erscheint, ist es doch unvermeidlich. Wer sich zur Offenheit entschließt, erweitert allein dadurch seine eigene Fähigkeit zu sehen. Derjenige, der einem angebotenen Du dann ebenfalls als Du begegnet, holt nur nach, was jeder sehen kann, der weiß, was sichtbar wird, wenn man im Wissen um das Wesen der Lüge den Schritt ins Jenseits der Lüge wagt.

Sich in einen Dialog zu begeben, in dem beide um den Abgrund wissen und sich gerade deshalb entscheiden, ihn bewusst auszuloten, schafft eine Wirklichkeit, in der wir zu allererst dem begegnen können, was wir ein Du nennen. So wie Lügen über den Augenblick hinaus wirken, weil sie auch die Grenzen für das setzen, was für uns künftig Wirklichkeit sein kann, kann die gemeinsame Offenheit Möglichkeiten erschließen, von denen schon derjenige, der mit dem Angebot der Offenheit scheitert, mehr erfährt, als das monologische Denken uns erschließen könnte, wenn wir uns nur zweckhaft einem anderen mitteilen. Erst im dialogischen Denken können alle Zwecke zum Spiel und dadurch erst zu unseren Zwecken werden, also zu dem, was wir wählen, wenn es uns klug oder reizvoll erscheint, und das wir jederzeit wieder lassen können. Wer eine Möglichkeit gefunden hat, sich nicht um seine Selbstbehauptung zu sorgen, kann das Experiment wagen, sich als Bedürftiger zu zeigen. Der Versuch, sich in der Wahrheit zu begegnen, vermag vielleicht nie das Gefühl der Sicherheit zu vermitteln, das wir aus Gemeinschaften kennen, die der Wettbewerb darum zusammenhält, wer beim nächsten Mal gewinnt oder doch recht hat oder wer die prächtigeren Kathedralen baut. Die Freiheit allerdings, darüber zu entscheiden, wann man mitbauen möchte und wann nicht, ist nur dann wirklich, wenn wir verstanden haben, dass Unabhängigkeit nicht damit erreicht ist, dass wir allein durch den Wald gehen, solange wir dabei immer noch das Bedürfnis verspüren zu pfeifen.

Von der Aufrichtigkeit

Nicht dass du mich belogst,
sondern dass ich dir nicht mehr glaube,
hat mich erschüttert.
Friedrich Nietzsche, deutscher Philosoph,
Jenseits von Gut und Böse (1886)

Es ist der Traum der Philosophen. Was könnten wir nicht alles erreichen, wenn nur weniger Lüge in der Welt wäre. Wenn wir nur endlich begreifen würden, wie sehr sie unser Denken von Grund auf lähmt, dann würde auch das Vertrauen in die Macht der Wahrheit wachsen. Wenn wir nur erst einmal anfangen würden, auf den Zusammenhang von Denken und Handeln zu vertrauen, dann würde endlich jeder sehen können, dass die ganze Denkarbeit nicht unnütz ist. Stattdessen müssen wir hilflos dabeistehen, wenn jede Frucht des Ringens um Erkenntnis immer nur wieder auf Wüstenboden fällt und verdorrt, bevor jemand auch nur bemerken will, dass man sie essen kann. «O Aufrichtigkeit! Du Asträa, die du von der Erde zum Himmel entflohen bist, wie zieht man dich von da zu uns wieder herab?» Die Göttin, nach der hier gerufen wird, lebte einst im Goldenen Zeitalter unter den Menschen, das auch darum so golden war, weil Asträa die Gerechtigkeit und den Frieden lehrte. Aber dann, so erzählt es der römische Dichter Ovid in den *Metamorphosen*, gab sie es auf. Als letzte aller Götter verließ sie die Erde, und wer seitdem ihre Unterstützung will, muss den Blick zum bestirnten Himmel über uns erheben. Was nützt das moralische Gesetz in mir, wenn alle miteinander sich absichtlich die Kraft des Denkens zerreden, weil es so bequemer ist? Es will nicht recht in unser Bild vom Königsberger Philosophen passen, und doch ist er es, der hier flehend zum Sternbild Jungfrau aufschaut.

Alles Denken, alles Erkennen, alles Wissen bleibt vergeblich, wenn der Mensch entscheidet, davon nichts wissen zu wollen, sobald es ans Handeln geht. Es ist schlimm genug, dass noch die Klügsten ihre Vernunft offenbar nur nutzen wollen, um böse zu denken. Aber kaum hat man die Unaufrichtigkeit im Verhältnis vom Menschen zu sich selbst aufgedeckt, verhindert die allgemeine Verlogenheit, dass wenigstens die Gemeinschaft erreichen kann, was die Einzelnen versäumen. Und am Ende wollen sie auch noch ein Recht auf die Lüge! Sie nennen sie eine lässliche Sünde, und niemand kann darüber erboster sein als Immanuel Kant. Ein «Krebsschaden» ist sie, «der eigentliche faule Fleck in der menschlichen Natur». Es ist der schlimmste anzunehmende Fall: «Der gantze Werth des Menschen wird dadurch vernichtet.»

Wer will es dem verdenken, der die Hoffnung dennoch nicht ganz in den Wind schreiben will und darum lieber nicht noch genauer auf die Schandtaten von gestern schauen will. Kant jedenfalls hatte sich jeden träumerischen Blick reichlich verdient. Dabei hätte er den entscheidenden Hinweis tatsächlich in den Händen gehabt. Wer nämlich den Blick umkehrt und mit dem Wissen der Vernunftkritik auf die Lügen schaut, kann nicht weniger finden als Zeugnisse aus der Geschichte unseres längst unerschütterlich gewordenen Glaubens an das Denken und die Wahrheit.

Jeder Mensch sagt immer nur, was er denkt. Darum ist

es uns auch unangenehm, wenn uns ein Wort herausrutscht, das wir lieber nicht öffentlich gemacht hätten. Man kann es nur zurücknehmen, wenn es einfach ein Versehen war, also sich jemand fälschlicherweise angesprochen fühlte. Wir lernen schon früh, dass man nicht alles sagt, weil Worte offensichtlich Schaden anrichten und verletzen können. Vor allem dann, wenn wir nicht sorgsam darauf achten, was sie für den bedeuten können, der sie hört, legen Worte ein Denken bloß, das zwar unser eigenes ist, aber uns dennoch nicht gefällt. Wir wissen, dass wir auch eine Zumutung sein können. Takt, Diskretion, Political Correctness und Diplomatie sind Instrumente unseres Versuchs, nicht aufdringlich oder allzu tölpelhaft zu sein und die Chance auf weitere Annäherung zu wahren. Nichts sagt mehr über unseren Mangel an Wissen über die Lüge als unser verständnisvolles Entgegenkommen, mit dem wir immer wieder zulassen, dass jemand diese schönen Gedanken als strategischen Umgang mit der Wahrheit diskreditiert. Das Talent des Lügners, sich hinter allem zu verstecken, was nicht nach Lügen, sondern wie Zurückhaltung aussieht, kann nur Eindruck auf uns machen, weil wir nicht genug über unser Denken wissen: Auch ein Lügner sagt immer nur, was er denkt, weil Menschen nämlich noch das Denken anderer denken können – so wie auch Sie, wenn Sie denn bis hierher gekommen und nicht nur hineingesprungen sind, sich mir zugewandt und mein Denken gedacht haben und nun immer noch entscheiden können, ob Sie etwas damit anfangen wollen oder nicht.

Wer lügt, setzt immer schon voraus, dass die Veränderung des Denkens reicht, um einen Menschen in seinem Handeln zu beeinflussen. Wer lernt, die Lügen zu lesen, entdeckt eine Welt des gelebten Respekts vor der Kraft unseres Denkens, die sich noch die größten Verteidiger der Idee des Zusammenhangs von Theorie und Praxis, von Denken und Handeln nur als Traum von morgen vorstellen konnten. Was sie sich erst als Folge der konsequenten Aufrichtigkeit aller erhofften, das ist längst Wirklichkeit. Ausgerechnet in der Erfahrung dieses besonderen Dialogs, der Lüge heißt, findet sich aller Grund für ein Vertrauen in das, was Menschen denkend vermögen, wenn sie es wollen. Der Lügner und sein Belogener – beide vertrauen auf die Macht des gemeinsamen Denkens.

Man sieht es und kann es doch kaum glauben. Aufrichtigkeit ist erst der Anfang.

Dank

Es ist unmöglich, etwas über das dialogische Denken zu erfahren, ohne auf Menschen zu treffen, die sich einem zuwenden. Die Fähigkeit von Journalisten, wesentliche Fragen zu erkennen und klare Antworten noch bei kompliziertesten Sachverhalten zu fordern, ermöglicht einen Blick auf das eigene Denken, für den ich nicht genug dankbar sein kann. Außerdem lernte ich durch zwei desaströse Interviews und die anschließende Ehrlichkeit meiner Gesprächspartner die schönste Beschreibung für einen niedergeschriebenen Denkweg: Ein philosophisches Buch erkennt man daran, dass auch der geübteste Querleser hoffnungslos scheitert und es keinem Praktikanten zugemutet werden kann, innerhalb von einer Woche das Ergebnis in fünf Thesen zusammenzufassen. Stellvertretend für alle:

Philip Adams (ABC RN Australien), Gal Beckerman (Forward), Andreas Beckmann (DLF), Leonie Breebaart (Trouw), Ron Csillag (Canadian Jewish News), Jörg Degenhardt (Deutschlandradio), Britta Fecke (Deutschlandradio), David Frum (Atlantic), Michael Girke (Freitag), Deborah Hartman (Yad Vashem Newsletter), Dörthe Hinrichs (DLF), Sarah Hofmann (Deutsche Welle), Jennifer Hunter (Toronto Star), Frank Jordans (Associated Press Berlin), Daniel Kaiser (NDR), Jeroen van Kan (VPRO Boehen), Michael Kimmelman (New York Times), Mechthild Klein (Deutschlandfunk), Salvador Martínez (El Siglo), John Paul O'Malley (Times of Israel), René Martens, Lisa Mayr (Standard Wien), Andrea Meier (Kulturzeit), Oliver Menner (tz München), Catherine Newmark (Philosophie Magazin), Marlene Nowotny (ORF),

Marc Parry (Chronicle), Bettina Peulecke (NDR), Alan Posener (Welt), Rebekka Reinhard (Hohe Luft), Barbara Renno (SR), Kristina Reymann (Deutsche Welle), Florentija van Rootselaar (Filosofie Magazine), Hans-Wilhelm Saure (Bild-Zeitung), Jochanan Shelliem, Renata Schmidtkunz (ORF), Kai Schmieding (Saarländischer Rundfunk), Jennifer Schuessler (New York Times), Dagmar Schwermer (BR), John Silvers (PBS), Ronen Steinke (Süddeutsche Zeitung), Herman Veenhof (Nederlands Dagblad), Yury Veksler (Radio Liberty), Ingo Zander (WDR), Sascha Ziehn (WDR 3).

Auch dieses Buch könnte niemand in den Händen halten, wenn es nicht eine gemeinsame Leistung wäre. Danke für Geduld und Zuspruch an Clara Polley, für das zweite schöne Buch an Anja Sicka und an die unschätzbare Korrektur-Abteilung. Aufs Neue danke ich Willi Winkler für das unverzichtbare Lektorat und den Hinweis, dass Kafka nicht immer recht hat. Und natürlich Dieter Rielk, für alles.

Mehr persönliche Empfehlungen zum Weiterlesen

Die Literatur zu Lügen, Lügnern und Lüge ist, wie nicht anders zu erwarten, sehr umfangreich. Ein fleißiger Mensch zählte im Jahr 2012 genau 1540 Veröffentlichungen. Nicht immer geht es auch um das, was der Titel verspricht, aber sogar diese schöne Bibliographie ist keineswegs vollständig. Interessanterweise gibt es in Deutschland bisher dennoch keine Anthologie der Klassiker zum Thema. Schlimmer noch, viele sehr kluge Texte sind bis heute nicht oder nicht vollständig oder allenfalls an entlegenem Ort übersetzt. Sehen Sie es mir bitte nach, wenn ich in diesem Buch Originale verwende, also oft in eigener Übersetzung zitiere, und dass meine Leseliste auch bisher nicht übersetzte Titel einschließt. Es ist das, was für mich nach einem Vierteljahrhundert Beschäftigung mit dem Thema immer noch am spannendsten ist. Ansonsten gelten, wie es sich für den zweiten Band gehört, alle Hinweise und Empfehlungen, die Sie im ersten Band der Trilogie, also im Anhang von «Böses Denken», finden können.

Jean-Pierre Cavaillé, *Bibliographie: Mensonge, tromperie, simulation et dissimulation.* Les Dossiers du Grihl (Online). URL: http://dossiergrihl.revue.org/2103

Hannah Arendt, *Macht und Gewalt.* München 1970.

Walter Gustav Becker, *Der Tatbestand der Lüge. Ein Beitrag zur Abstimmung von Recht und Ethik.* Tübingen 1948. (*Recht und Staat in Geschichte und Gegenwart*, Heft 134/135.)

Jacques Derrida, *Histoire du mensonge. Prolégomènes.* Paris 2012.

Deutsche Übersetzung von Noe Tessmann: *Geschichte der Lüge. Prolegomena.* Wien 2015.
Umberto Eco, *Über Spiegel.* In: *Über Spiegel und andere Phänomene.* München 1988.
Sigmund Freud, *Zur Dynamik der Übertragung. Behandlungstheoretische Schriften.* Frankfurt a. M. 1992.
Joseph Gabel, *Mensonge et maladie mentale.* Paris 1995/1998.
Alexandre Koyré, *Réflexions sur le mensonge.* Paris 1996/2016. / *The Political Function of the Modern Lie.* In: *Contemporary Jewish Record.* Vol. VIII, 1945, Seite 290–300. – Die deutsche Übersetzung von Horst Günther (in: *Freibeuter*, 1997, Heft 72, Seite 3–19) folgt der französischen Fassung. Ein Vergleich lohnt sich aber, denn die französische Erstausgabe und die englische Fassung weichen voneinander ab.
Pio Rossi, *Un vocabolario par la menzogna.* Editiert in: Salvatore S. Nigro, *Elogio della menzogna.* Palermo 1990, Seite 85–154.

Und für die, die lieber schöne Literatur lesen

Thomas Mann, *Mario und der Zauberer.* Berlin 1930.
Friedrich Dürrenmatt, *Der Besuch der alten Dame.* Zürich 1956.
Harry Mulisch, *Das Theater, der Brief und die Wahrheit.* München, Wien 2000.

Nachweis der Motto-Zitate und natürlich wiederum zum Nachlesen empfohlen

Søren Kierkegaard, *Vier erbauliche Reden 1844. Drei Reden bei gedachten Gelegenheiten 1845.* Zitiert nach der Übersetzung von Emanuel Hirsch. *Gesammelte Werke* 13. und 14. Abteilung. Düsseldorf / Köln 1964, Seite 166.

Jean Paul, *Das Kampaner Tal/oder über die/Unsterblichkeit der Seele/nebst einer/ERKLÄRUNG DER HOLZSCHNITTE/unter den 10 Geboten/des Katechismus*, 503. Station. In: Kleinere erzählende Schriften 1796–1801. Hrsg. von Walter Höllerer, München 1962, Seite 590.

Hannah Arendt, *Denktagebuch*. Hrsg. von Ursula Ludz und Ingeborg Nordmann. München Zürich 2003, Band 2, Seite 627. Tagebuch Nr. XXIV, Eintrag 21. Meine Übersetzung mit freundlicher Genehmigung des Piper Verlags.

Martin Heidegger, *Erste Marburger Vorlesung 1923/24: Einführung in die phänomenologische Forschung*. Gesamtausgabe Band 17. Frankfurt a. M. 2006, Seite 35.

Publius Nigidius Figulus, Fragment einer verschollenen Schrift, überliefert in: *A. Gellii Noctium Atticarum*. Leipzig 1903, Buch XI, Kapitel 11, Seite 13. Meine Übersetzung.

Immanuel Kant, *Vom Meinen, Wissen und Glauben*. Abschnitt aus der viel zu wenig gelesenen *Methodenlehre* der *Kritik der reinen Vernunft*. Riga 1781/1787, Seite A 820/B 848.

www.reddit.com, *Showerthoughts*. Das Posting von New-Nostalgic-User am 11. Februar 2017. URL: https://redd.it/5thjhu (letzter Abruf 1. März 2017).

Andrew J. Robinson, *Ein Stich zur rechten Zeit*. (Reihe: *Star Trek – Deep Space Nine*), Ludwigsburg 2011, Seite 8. © www.cross-cult.de/CBS

Max Steller und Renate Volbert, *Wissenschaftliches Gutachten im Auftrag des Bundesgerichtshofs vom 25. Februar 1999 zur forensisch-aussagepsychologischen Begutachtung (Glaubwürdigkeitsbegutachtung)*. Abgedruckt in: *Praxis der Rechtspsychologie*, Jg. 9, 1999, Heft 2, Seite 50.

Vladimir Jankélévitch, *Von der Lüge*. Zitiert nach der Übersetzung von Sarah Dornhof und Vincent v. Wroblewsky. Hamburg 2016, Seite 43 f.

Oscar Wilde, *An Ideal Husband.* In: *Complete Works of Oscar Wilde* hrsg. von G.F. Maine. London/Glasgow 1966, Seite 520. Meine Übersetzung.

Christoph-Joachim Schröder, im persönlichen Gespräch mit Dank für die Zitiergenehmigung.

Sigmund Freud, *Die Zukunft einer Illusion.* In: *Kulturtheoretische Schriften.* Frankfurt a.M. 1986, Seite 182.

Karl Jaspers, *Von der Wahrheit.* München 1947, Seite 550.

Rudolph Zacharias Becker, *Beantwortung der Frage: Kann irgend eine Art von Täuschung dem Volke zuträglich sein, sie bestehe nun darinn, daß man es zu neuen Irrthümern verleitet, oder die alten eingewurzelten fortdauern läßt? Eine von der königlichen Akademie der Wissenschaften zu Berlin gekrönte Preisschrift, mit einer Zueignungsschrift an das menschliche Geschlecht.* Leipzig 1781. Dankenswerterweise einfach zu finden, nämlich auf der Website des Göttinger Digitalisierungszentrums GDZ als PPN584 183 178.

F.M. Dostojewski, *Die Brüder Karamasov,* Zitiert nach der Übersetzung von Valeria Lesowsky. Wien, Hamburg, Zürich o.J., Band III, Seite 42.

Ralph Keyes, *The Post-Truth Era. Dishonesty and Deception in Contemporary Life.* St. Martin's Press, New York 2004, Seite 10. Meine Übersetzung.

Jean Améry, *Unmeisterliche Wanderjahre.* In: *Werke in neun Bänden.* Hrsg. von Irene Heidelberg-Leonard. Band 2: *Jenseits von Schuld und Sühne. Unmeisterliche Wanderjahre. Örtlichkeiten.* Hrsg. von Gerhart Scheit. Stuttgart 2002, Seite 344.

Jean-Jacques Rousseau, *Die Träumereien des einsamen Spaziergängers.* Zitiert nach der Übersetzung von Dietrich Leube auf der Grundlage der anonymen Übersetzung von 1783.

Fernando Pessoa/Alberto Caeiro, *Poesia – Poesie.* Zitiert nach der Übersetzung von Inés Koebel und Georg Rudolf Lind. Zürich 2004, Seite 39.

Friedrich Nietzsche, *Jenseits von Gut und Böse.* In: Kritische Studienausgabe Colli / Montinari. München 1988, Band 5, Seite 104.

Und das Zitat auf dem Buchdeckel

Arthur Schopenhauer, *Die Welt als Wille und Vorstellung* I, IV, § 65. Zitiert nach: *Werke in fünf Bänden.* Nach den Ausgaben letzter Hand herausgegeben von Ludger Lütkehaus. Band 1. Zürich 1998, Seite 474.

Über die Autorin

Bettina Stangneth, geboren 1966, ist unabhängige Philosophin. Sie studierte in Hamburg Philosophie. Ihre Promotion über Immanuel Kant und das radikal Böse erschien unter dem Titel «Kultur der Aufrichtigkeit». Sie gab Kants «Religion» neu heraus, schrieb über Antisemitismus im 18. Jahrhundert und forschte weiter zur Lüge. Ihre Bücher erscheinen weltweit in über zehn Sprachen. Für «Eichmann vor Jerusalem» (2011) erhielt sie 2011 den NDR Kultur Sachbuchpreis und den Cundill Prize Recognition of Excellence Award 2015; die *New York Times* zählte es zu den besten Büchern des Jahres. Zuletzt legte sie mit «Böses Denken» (2016) den ersten Teil ihrer Überlegungen zu einer Kritik des dialogischen Denkens vor.

Inhalt

Bettina Stangneth

BÖSES DENKEN

Die Gedanken sind frei, und nur wer das Selberdenken lernt, kann so frei werden wie sie. Seit über zweihundert Jahren fordern wir dazu auf, alles zu bedenken, eigene Überzeugungen zu entwickeln und konsequent danach zu handeln. Wer denken kann, so hoffen wir, der mordet nicht. Wer denkt, darauf vertrauen wir, ist immer schon auf dem richtigen, auf dem guten Weg. Aber stimmt das?

Die Philosophin Bettina Stangneth, die mit ihrem Buch über den Holocaust-Organisator Adolf Eichmann international die Debatte über das Böse neu entfacht hat, stellt eine unbequeme Frage: Haben wir wirklich das Recht zu jedem Gedanken, oder braucht auch das Denken eine Ethik?

256 Seiten

Bettina Stangneth

EICHMANN VOR JERUSALEM

Das unbehelligte Leben eines Massenmörders

Er war der Organisator der Judenvernichtung: Adolf Eichmann. Wie konnte er sich nach dem Krieg fünfzehn Jahre lang verstecken? Wie gelang es ihm, 1961 in Jerusalem mit seinem Auftritt vor Gericht so viele davon zu überzeugen, dass sein Denken banal und er gerade darum nicht böse sei?

Bettina Stangneth zeichnet das Bild eines gefährlichen Tricksers und Täuschers, der sich in jeder Lebenssituation und vor jedem Publikum neu inszenieren konnte, eines nationalsozialistischen Karrieristen, der nach 1945 keineswegs bereit war, im Dunkeln zu verschwinden. Ihr Buch konfrontiert uns mit dem gefährlichen Denken und gewährt brisante Einblicke in die Geschichte der früheren Bundesrepublik.

Ausgezeichnet mit dem NDR Kultur Sachbuchpreis

656 Seiten

MIX
Papier aus verantwortungsvollen Quellen
FSC® C083411

Das für dieses Buch verwendete Papier ist FSC®-zertifiziert.